AF298805

LE CONSEILLER

DES JÉSUITES.

Le Conseiller

DES JÉSUITES.

PAR L'AUTEUR DES *TROIS PROCÈS DANS UN*.

Amicus certus in re incertâ cernitur.
C'est dans la mauvaise fortune qu'on voit arriver ses amis.

PARIS.

IMPRIMERIE-LIBRAIRIE DE J.-G. DENTU,
RUE DU COLOMBIER, N° 21.

1827.

DÉDICACE.

—

Mes révérends Pères, ce n'est pas sans raison, à ce qu'il me paraît, que M. l'abbé Marcet de Laroche-Arnaud reproche à aucuns de votre ordre de ne lire que des livres de piété. Car, de deux choses l'une : ou vous n'avez pas lu mes *Trois procès dans un*, ou vous n'êtes guère touchés des bons offices qu'on cherche à vous rendre. Quoi! on se tue à plaider pour vous; on se brouille avec toute l'école de la philosophie révolutionnaire pour vous soutenir contre ses clameurs, et l'on ne reçoit de félicitations là-dessus que des gens du monde! En vérité, votre indifférence me forcerait presque de vous appliquer une boutade qui semble avoir été composée pour mon usage, par un comédien du siècle de Louis XIV :

> Ce grand ministre de la paix,
> Colbert, que la France révère,
> Dont le nom ne mourra jamais,
> Eh bien! tenez, c'est mon compère.
> Fier d'un honneur si peu commun,
> Est-on surpris si je m'étonne
> Que, de dix mille emplois qu'il donne,
> Mon fils n'en puisse obtenir un ?

En effet, mes révérends Pères, ne suis-je pas fondé à vous adresser le même reproche? n'êtes-vous pas pour moi de vrais Colberts? Cependant, au dire de tout le monde, vous avez bien plus d'emplois que lui à donner, bien plus de faveurs à distribuer, bien plus de trésors à répandre. Comment se fait-il donc qu'une seule goutte de vos rosées ne me tombe pas sur la tête? comment ne suis-je pas déjà en carrosse comme les libraires qui vendent des *Mémoires à consulter*, comme les journalistes qui vendent de la diffamation aux malveillans, de l'esprit de sédition aux factieux, et des niaiseries aux imbécilles?

Quant à vos ennemis, mes révérends Pères, vous sentez bien qu'ils sont exactement pour moi comme ceux d'entre vous qui ont fait vœu de ne lire que des livres de piété. Car ils ont fait un autre vœu dont le résultat ne vaut pas mieux, assurément : c'est de ne lire que des ouvrages contre la religion, et des journaux révolutionnaires.

Toutefois, je suis obligé d'en convenir : un de mes amis, qui prétend avoir des données précises sur votre mode d'existence, a pris soin de vous justifier auprès de moi sur beaucoup de points. « Ne vous attendez « pas, m'a-t-il dit, à ce que les révérends Pères vien- « nent vous remercier. Ce sont des usages mondains « qu'ils ne connaissent pas. Ils ne savent que se tenir « enfermés dans leur vie intérieure et leurs occupations « religieuses. En cela, ils traitent les autres comme ils « entendent qu'on les traite eux-mêmes. Ils sont dans « l'habitude de ne porter nulle part leurs hommages « de reconnaissance; mais en revanche, ils ne veulent « pas non plus de ceux qui leur sont dûs. Témoin la « conduite de l'homme apostolique le plus illustre de « notre époque. Après avoir édifié la cour et la ville « par la parole qu'il a fait descendre de la tribune « sainte dans le cœur de tous les fidèles qui l'ont en- « tendue; après avoir obtenu ce que le monde appel- « lerait un immense succès, un applaudissement uni- « versel, il s'est enveloppé dans sa robe pour regagner « modestement l'atelier de ses travaux; et vous ne le « reverrez plus qu'au temps où les besoins de la vigne « le forceront d'aller de nouveau l'arroser de ses sueurs.

« Si vous avez par hasard compté sur les carroses
« roulans que les jésuites enverraient à votre porte,
« détrompez-vous encore. Vous devriez savoir qu'ils
« vont à pied ; et que, n'ayant point d'autre équipage
« à vous offrir, ils ne peuvent que vous conseiller d'en
« faire autant. Enfin, mon ami, si vous aimez la
« bonne cuisine, ne vous mettez point au service des
« jésuites : on ne connaît rien de moins somptueux et
« de plus sévère que leur table. Si vous avez besoin de
« protecteurs, cherchez-en d'autres ; quand on est
« réduit comme eux à défendre jour par jour sa pauvre
« cellule et son droit de cité, on aurait bonne grâce,
« vraiment, à vouloir faire du patronage en faveur
« des autres. *Charity begins at home*, dit avec raison
« le proverbe anglais (1).

« Vous n'avez donc, ajouta mon ami, vous n'avez
« qu'une seule ressource avec les révérends Pères :
« c'est de vous associer de cœur et d'esprit à leur reli-
« gieuse devise : *Pour la plus grande gloire de Dieu.*
« Cette monnaie est le prix ordinaire de leurs travaux :
« il faut savoir vous en payer comme eux. »

Malgré mon respect pour ce témoignage, mes révérends Pères, ce serait donner un démenti à trop de
monde, et manquer à de trop bonnes gens, que de
le mettre en comparaison avec cinq cents brochures et
cinq mille articles de journaux qui assurent, en lettres
moulées, que vous êtes maîtres absolus du royaume,
et uniques dispensateurs de tous les biens temporels de
ce bas monde. Dans cet ouvrage, d'ailleurs, j'ai entrepris de faire beau jeu à vos adversaires. Ainsi, j'ac-
cepte la question comme ils l'ont posée, et je passe
condamnation sur les points fondamentaux de la querelle dont vous êtes le sujet. Par conséquent, je vous

---

(1) La charité commence par la maison.

reconnais pour le pouvoir invisible qui domine et subjugue tout dans la monarchie ; je tiens pour incontestable qu'il ne reste plus de vivant parmi nous que votre autorité, de règles certaines que votre bon plaisir. En un mot, vous faites en robe longue ce que le peuple souverain et Buonaparte ont fait en robe courte. Voilà qui est convenu ; je ne veux plus avoir de dispute là-dessus avec les écrivains révolutionnaires : j'adopte leur opinion sur votre pouvoir absolu.

En partant de là, je commence par vous faire éprouver les incommodités de la grandeur, en vous demandant une charge de CONSEILLER en vos conseils. Je me sens d'autant plus capable de la bien remplir, que, depuis nombre d'années, je note une foule de choses qui ne vont pas comme je voudrais, et auxquelles il me paraît urgent de remédier. Car si l'anarchie qui nous envahit de mille côtés, continue de faire des progrès ; si l'on donne à la discorde le temps d'armer les nombreuses recrues que la liberté de la presse lui amène de toutes parts ; si le démon des révolutions, qui frémit de rage et d'impatience, vient à rompre le peu de barreaux qui le sépare de nous, il est clair que votre mission ne tardera pas à cesser avec bien d'autres fonctions qui tiennent à la vie de la religion et du corps social.

Toutefois, mes révérends Pères, il en est temps encore. Les cœurs de 1814 sont toujours là ; il n'y a de perverti que les idées ; il n'y a de maladie véritable que dans les esprits. La religion et la royauté sont déjà revenues de loin, parce qu'elles ont des racines plus fortes et plus profondes que l'anarchie ; et qu'après le désordre des tempêtes, la mer agitée finit toujours par redevenir la mer calme. Ne désespérez de rien ; écoutez seulement mes CONSEILS ; et dussiez-vous n'en suivre que la moitié, soyez sûrs que les espérances des gens de bien ne tarderont pas à revivre.

LE CONSEILLER
DES JÉSUITES.

CONSEIL 1er.

On combat les raisons que les jésuites peuvent avoir pour se tenir à l'écart, et on prouve que cette existence mystérieuse ne convient ni à leur caractère ni à leur mission.

Mes révérends Pères, vos ennemis vous reprochent de vivre en France dans une espèce d'état clandestin. A votre place, je ne voudrais point leur laisser ce prétexte d'accusation. Tous les honnêtes gens du royaume ont intérêt comme vous à ce qu'une prévention pareille soit promptement détruite. Car voyez à quoi elle les expose : personne n'ignore que notre tolérance religieuse et politique s'étend jusqu'à l'athéisme et au régicide. Que ne serait-on pas autorisé à penser de nous, si la seule exception qu'on nous y verrait mettre continuait de tomber sur les jésuites? Quoi !

dirait-on, ces indulgens philosophes qui supportent si bien tous les vices et toutes les impiétés, n'ont de rigueurs à exercer que contre les vertus religieuses et les pieux travaux ! quoi ! ils vivent en paix avec les ennemis de l'autel et du trône ; avec les auteurs de *la Minerve* et du *Constitutionnel* ; avec les juges de Louis XVI et du duc d'Enghien ; avec les doctrines qui ont tué le duc de Berri ; avec les collègues de Roberspierre et de Fouquier-Tinville ; avec les licteurs du Temple et des autres prisons ! et quand il s'agit de quelques religieux qui viennent leur apporter la morale chrétienne, les ordres du Ciel et la parole de vie, cette tolérance si merveilleuse recule tout à coup ! Elle qui n'avait d'exceptions pour personne et de bornes pour rien, voilà qu'elle s'arrête devant les jésuites ! c'est à leur sujet que les alarmes naissent, c'est par eux que les scrupules commencent !

En faudrait-il davantage, mes révérends Pères, pour nous couvrir de mépris et de ridicule ? Combien notre caractère n'aurait-il pas à souffrir d'un pareil excès de contradiction et de folie ? qui n'aurait pas le droit de nous prendre pour la nation du monde la plus dépourvue de sens et de justice ? Cependant, veuillez faire une réflexion toute simple : si vous continuez d'agir avec une timidité de proscrits, certainement il n'y aura nul moyen d'expliquer la chose autrement qu'à notre très-grande honte. On nous soupçonnera d'avoir l'esprit et le cœur pervertis ; on nous croira capables d'une persécution atroce ; en un mot, on dira que c'est notre méchanceté qui vous fait peur, et que vous nous prenez toujours pour la nation de 1793. Or, vous sentez que tout ce qui pourrait, de votre part, donner lieu à des pensées aussi fâcheuses, nous ferait un tort infini. Notre caractère n'en releverait jamais. On ne manquerait pas de nous opposer la conduite des sauvages de vos anciennes missions, qui, bien loin d'être disposés à vous persécuter de la sorte, vous gardent un souvenir éternel de reconnaissance et d'affection. Or, nous ne voulons point qu'on nous soupçonne de valoir moins qu'eux. Par conséquent, nous avons à cœur de démentir, par notre modération, l'épouvantable idée que les journaux révolutionnaires cherchent à donner de nos mœurs et de notre perversité.

Si vous partagez l'injurieuse opinion dont ils flétrissent notre caractère, c'est réellement faute d'y réfléchir. Innocens comme vous l'êtes de tout reproche et de toute faute, quelles insultes pourriez-vous craindre dans un royaume où tant de mille fronts chargés de crimes pardonnés, rayonnent de calme et d'impunité? Comment n'auriez-vous pas le droit de porter la parole en faveur de la religion, chez un peuple où tout peut se dire, dans les journaux comme dans les livres, en faveur de l'impiété? Qui donc oserait vous jeter la première pierre, là où personne ne songe à la jeter ni aux anciens meurtriers, ni aux voleurs gorgés de confiscations, ni aux écrivains révolutionnaires, ni aux corrupteurs de la morale publique? A qui avez-vous jamais ouï dire qu'il soit rien arrivé de fâcheux à un porte-pique du 10 août, à un sicaire des Carmes ou de l'Abbaye, à un amnistié des glacières d'Avignon, à un commissaire ordonnateur du 2 septembre?

Je sais bien qu'on cherche à vous intimider en affectant de dire qu'on se rappelle deux ou trois jésuites qui enseignaient une morale relâchée dans le seizième siècle. Mais ce sont des gens qui se moquent du monde. Non, mes révérends Pères, non, il n'est pas vrai qu'on se souvienne en France des petits péchés éteints par une prescription de trois cents ans. On ne s'y souvient pas même des plus énormes crimes de notre temps. Si notre nation avait une aussi bonne mémoire qu'on le prétend, elle aurait bien assez de quoi l'exercer, vraiment, sans l'envoyer se perdre dans les obscurités du temps passé. Mais je vous assure que cette mémoire ne s'exerce sur rien; et que si l'on nous parle de quelques anciens jésuites, c'est évidemment pour faire prendre une fausse route à nos souvenirs. Nous avons trop de nouveaux comptes ouverts pour nous occuper ainsi des vieux.

Rendez - nous donc plus de justice; et relevez-nous d'un soupçon que nous méritons si peu. C'est nous connaître bien mal que de nous croire l'âme vindicative. Et quand nous l'aurions, en quoi cela pourrait-il vous regarder? Mais, je vous le répète, il n'en est point ainsi. Nous n'en voulons pas le moins du monde aux gens que nous savons être les plus criminels; ils jouissent d'une paix profonde. Comment donc serions-nous capables de haïr ceux que nous savons être les plus innocens? Nous trouvons de la tolérance pour tous les genres de désordres moraux et politiques, pour les factieux, pour les incrédules, pour les débitans de poisons et de livres impies;

n'est - ce pas la moindre chose que nous en trouvions aussi un peu en faveur du zèle apostolique et des sentimens de piété des jésuites ? Encore une fois, vous nous faites injure en paraissant vous méfier de notre respect pour vos vertus religieuses et pour vos droits civils. Vous êtes trompés là-dessus par la clameur des journaux révolutionnaires. Mais laissez-les dire ; ils nous font plus de tort qu'à vous, puisque la part qui vous revient de tout cela vaut mieux nécessairement que le rôle de persécuteurs qu'on nous attribue. Ce serait donc nous rendre service que de nous aider, par des marques de confiance, à effacer une impression qui nous est évidemment si nuisible.

De votre côté, mes révérends Pères, il ne vous est point avantageux de demeurer cachés sous l'enveloppe mystérieuse qui vous dérobe à tous les regards. Vous êtes très-bons à montrer à vos amis et à vos ennemis. Aussi long-temps que vous resterez dans cet état mixte qui n'est ni la guerre ni la paix, ni la mort ni la vie, la génération actuelle, qui vous repousse avec son bâton d'aveugle, n'aura point occasion d'admirer ce caractère natif du jésuite, qui se joue si noblement des dan-

gers, de la persécution et du martyre. A Dieu
ne plaise que la France ait jamais des palmes
de cette espèce à vous offrir! Mais à Dieu ne
plaise aussi qu'il y ait jamais des jésuites capables de les éviter! Ils auraient perdu ce que
l'on connaît de plus beau dans leur vocation :
le courage héroïque des soldats de la foi, l'ab-
négation complète de soi-même et l'esprit de
la sainte devise : *Pour la plus grande gloire
de Dieu.* Quand on a toujours bravé, comme
vous, les périls sur mer et sur terre; quand
on a fourni sept ou huit mille martyrs aux
diverses régions du globe, on doit savoir braver la haine et l'impiété de quelques écrivains
révolutionnaires. Que vous ne répondiez point
à leurs furibondes menaces, rien de plus naturel; votre illustre fondateur vous l'a défendu. Que vous ayez pu trembler devant la
face d'un soudart qui livrait le dernier rejeton
des Condé à la hache de ses licteurs, le duc
de Rivière à ses satellites, et le souverain
pontife à ses gendarmes, cela se conçoit encore d'autant mieux, que le sacrifice de vos
jours eût alors été en pure perte pour l'objet
de votre mission. Mais les temps sont chan-
gés dans le royaume de saint Louis. Les hé-
ritiers de son nom glorieux ont fourni trop de

martyrs à l'impiété de notre siècle pour n'être pas touchés de pitié à la vue de ceux qui font profession de souffrir pour la cause de Dieu et des rois.

Si vous n'étiez en France, mes révérends Pères, que pour y jouir d'un droit individuel, et pour faire constater qu'il n'appartient à personne de vous en priver, cela ne nous apprendrait rien ; tout le monde le sait ; et la preuve que vos ennemis ne l'ignorent pas non plus, c'est qu'ils ne procèdent contre vous que par des soulèvemens séditieux et par des coups de révolution. Mais vous avez des devoirs à remplir, des secours religieux à nous donner, une mission sainte à nous faire reconnaître. Dans un pays de franchises où les les professions les plus nuisibles et les plus révolutionnaires s'exercent impunément, rien ne saurait vous empêcher d'exercer la vôtre au profit des mœurs, au profit du bien public, au profit de la religion et de la monarchie. Un artisan de discordes, un journaliste factieux, un entrepreneur de débauche et de corruption, tout cela marche tête haute et passe sans difficulté. Est-ce donc trop prétendre que d'en conclure, comme je le fais, mes révérends Pères, que l'esprit de paix et de charité, que l'amour de l'ordre,

que les leçons de sagesse et la parole de Dieu
ont également le droit de passer?

Oui, je vous l'assure, quoique bien déréglés
dans nos principes, bien pervertis dans nos
pensées, bien agités par l'esprit de Jansénius et
de Calvin, nous conservons encore assez de pudeur pour n'oser partager hautement les passions et les fureurs de cette vingtaine d'écrivains
révolutionnaires qui font spéculation de vous
persécuter. Paraissez donc sans inquiétude,
sous votre vrai nom, et dans les chaires évangéliques, et dans les confessionnaux, et dans
nos écoles d'enseignement, et partout où nous
avons si grand besoin du secours des idées religieuses, de votre science à la fois chrétienne
et monarchique, pour nous aider à combattre
cette longue maladie de trente-cinq ans qui
menace toujours de nous emporter.

CONSEIL II.

Si les jésuites ont occasion de faire usage des mots *union et oubli*, on leur conseille de préférer le système des révolutionnaires, qui est *l'union sans oubli*, au système des royalistes, qui est *l'oubli sans union*.

Mes révérends Pères, dans je ne sais quel *Mémoire* ou quel *Mémorial*, on attribue à Buonaparte un mot où je ne reconnais point la sagacité de son esprit. On lui fait dire que les sentimens politiques sont invariablement arrêtés; que ce qui est blanc restera blanc, et que le noir restera noir. Son jugement là-dessus, si tant est que ce mot vienne de lui, prouverait une chose : c'est qu'il aurait beaucoup mieux connu les cœurs révolutionnaires que l'esprit royaliste. En effet, le blanc n'est point déterminé chez les royalistes comme le noir chez les révolutionnaires. Ces derniers n'ont pas une seule contradiction, pas une seule variante ni un seul pas rétrograde à se reprocher : ils sont et demeureront tels que

la restauration les a trouvés; ennemis de la
légitimité religieuse et monarchique, ennemis
de la dynastie qu'ils avaient proscrite, ennemis des royalistes qui lui restent fidèles.

A la vérité, ils ont paru accepter, dans le
commencement, l'article du traité de paix
renfermé dans les deux mots *union* et *oubli;*
mais c'était par bénéfice d'inventaire; c'est-à-
dire à condition que tout le monde se ferait
révolutionnaire pour opérer *l'union,* et que
tous leurs crimes politiques seraient regardés
comme non avenus pour opérer *l'oubli.* C'é-
tait si bien là ce qu'ils entendaient, qu'on est
encore à chercher une parole ou une action
de leur part, dont on puisse déduire l'apparence d'un regret ou la pensée d'une conces-
sion en faveur de la royauté; au contraire,
ils ont toujours dit aux autres : Vous vien-
drez à nous sous peine d'anarchie, de haine
et de guerre éternelles; les choses demeureront dans l'état où nous les avons mises; le lit
de la révolution restera comme nous l'avons
fait. S'ils n'ont pas adopté hautement la fa-
meuse devise *Sint ut sunt, aut non sint,*
c'est qu'ils l'attribuent à un général des jésuites. Mais il est aisé de voir qu'ils la trouvent fort bonne dans la pratique.

A chaque pas que la monarchie a voulu faire vers la réparation, ils l'ont arrêtée par des cris de fureur; ils lui ont disputé le terrain pied à pied, et contesté le droit d'effacer aucune trace de mal. Quels jugemens et quels reproches n'a-t-elle pas eu à subir de leur part, avant d'obtenir la main-levée des confiscations révolutionnaires! Avec quelle cruauté n'ont-ils pas retourné le poignard dans le sein des émigrés, en leur délivrant, comme une espèce d'aumône, cette indemnité si regrettée, qui n'a pas seulement osé prendre son vrai nom de *restitution!* Avec quelle attention ne veillent-ils pas à ce que le sacerdoce ne puisse se relever de l'état de misère et d'avilissement où ils l'ont réduit; à ce que la religion ne sorte point de sa vallée de larmes et de son lit de douleur; enfin, à ce que rien de bon ne reprenne racine dans l'esprit et dans le cœur des peuples!

Non, la révolution n'entend rien perdre ni rien céder; elle entend, au contraire, que tout lui revienne et s'unisse à elle. Parle-t-on d'un professeur dont le diplôme n'est pas visé par *le Constitutionnel,* on le repousse, on le signale comme un ennemi, et il n'obtient son *exequatur* qu'à main armée. Un député arrive-t-il à la Chambre sans de bons certificats de civisme délivrés par les *radicaux* de son département, on querelle son élection. Elle est viciée par la fraude, dit *le Courrier français;* elle est anti-nationale, ajoutent les autres journaux de l'anarchie. Un sous-préfet se trouve-t-il choisi hors de la classe des auditeurs de Buonaparte, ou des familles titrées par la révolution, une rumeur de plaintes et de reproches s'élève de tous côtés contre cette espèce d'usurpation. Une modique pension est-elle accordée à la veuve d'un soldat vendéen, on est obligé de s'en cacher, pour ne point entendre dire que c'est un vol fait aux braves défenseurs de la patrie; car la patrie est toujours là pour chercher dispute à la royauté. Enfin, il n'est pas un acte de justice ou de réparation, pas une idée religieuse ou monarchique, pas un germe de bien que l'ennemi laisse passer impunément. L'intérêt des siens est le seul légitime; il n'y a de pensions bien placées que sur leurs têtes, d'emplois mérités que par eux, d'avantages bien acquis que ceux dont ils jouissent, de titres irréprochables que les titres originaires de la révolution.

Au demeurant, il faut que ce système soit

fondé sur de bons calculs, car il réussit au-delà de toute croyance. Sans avoir jamais éprouvé aucune défection dans son propre camp, le parti révolutionnaire a tellement recruté dans celui des royalistes, qu'il arrive peu à peu à cette *union* dont j'ai parlé plus haut, et qui consiste à faire passer de la bonne cause dans la mauvaise, les forces que la monarchie avait retrouvées. Chose presque merveilleuse! un si grand succès ne lui coûte pas le moindre sacrifice en fait d'*oubli*. C'est en disant des injures aux royalistes, qu'il les gagne et les attire. Il ne cesse de les avertir qu'il n'oublie rien, et que sa haine contre eux est inexorable. Tantôt il leur lance un *Dictionnaire des girouettes*, pour châtier en eux le ridicule de la fidélité; tantôt des biographies où il récapitule tous ses griefs, tous ses dédains, toutes ses causes de haine et de mépris. Chaque jour il retrouve à leur charge quelques vieux souvenirs désobligeans, quelque anecdote injurieuse qui dormait dans la prescription. En un mot, il les ravale par les comparaisons les plus mortifiantes; il les abreuve de dérision et d'outrages; il les traite de *génération éteinte*, de *caste dégénérée*. Tout cela n'y fait rien : plus il les humilie, plus il les trouve disposés à rechercher son alliance, et à former le honteux pacte d'*union* où il les attend dédaigneusement. Après tout, il serait bien bon de faire pour eux d'autres frais de rapprochement, puisque ceux-là suffisent; puisqu'ils ne l'empêchent pas du moins de voir les plus notables déserteurs de la monarchie quitter les premiers rangs du parti royaliste, pour aller se mettre à la queue du parti révolutionnaire.

J'en viens de dire assez, mes révérends Pères, pour montrer les avantages du système d'*union sans oubli*. Voyons maintenant ceux qui peuvent être attachés au système d'*oubli sans union*.

D'abord, je n'y découvre rien qui paraisse favorable aux royalistes, sous le rapport de l'ambition et de l'honneur. Ils ne doivent pas ignorer que tous les bons postes du parti révolutionnaire sont occupés, et qu'il n'est pas assez dupe pour les céder. Il les gardera donc, non seulement à vie, mais de génération en génération, parce qu'il forme le premier noyau de la race pure des libéraux, et que la révolution lui a créé une sorte de droit d'aînesse dont il ne doit pas le sacrifice aux derniers venus et aux traînards. D'ailleurs, les grands caractères, les grandes vocations ne se font jamais attendre; et quand vous voyez des noms qui, dès l'origine, ont pris date certaine dans un parti, vous pouvez être sûrs qu'ils y resteront sur la liste des patriciens, et qu'ils sauront soutenir

Le droit qu'un esprit vaste et ferme en ses desseins,
A sur l'esprit grossier des vulgaires humains.

Ainsi, tout est décidé là-dessus pour les pauvres transfuges de la cause royale qui s'avisent si tard de passer dans le camp ennemi. Tous les beaux grades y sont distribués; tout ce qu'il y a de bon est pris ou retenu. Les retardataires ne peuvent être mis qu'à la queue, et il faut convenir que c'est assez leur place.

Peut-être direz-vous, mes révérends Pères, que ce mauvais petit poste ne mérite pas d'être acheté par l'oubli de tous les affronts, et encore moins par celui de tous les crimes passés qui devraient le rendre si odieux : j'en demeure d'accord; et moi-même j'ai long-temps cherché à m'expliquer un pareil phénomène de niaiserie. Mais, à la fin, voici ce que j'ai trouvé d'avantageux dans ce triste marché.

Sans doute on y perd sa considération, sa

, pudeur, ses droits acquis, l'honneur d'appartenir à la classe des gens de bien ; à la vérité
encore, quand on songe que ce qu'il peut arriver de mieux dans la nouvelle position qu'on
cherche, c'est de n'y mériter aucune faveur
ni aucune distinction, cela forme un assez
mauvais échange et un sacrifice en pure perte.
Mais on sort d'un parti qui ne sait ni se maintenir en état d'*union*, ni défendre son terrain,
ni faire valoir sa supériorité, pour entrer dans
une famille étroitement unie, qui entend mer-
veilleusement ses affaires, qui possède l'art de
diviser pour dominer, et chez laquelle enfin
la science de l'intérêt est poussée au dernier
degré de perfection. On passe de ce côté-là,
par paresse d'esprit et de cœur, pour y trouver
un peu de repos, pour faire cesser la persécution révolutionnaire dont on est fatigué, pour
se rassurer du moins, par cette espèce d'enrô-
lement, contre les hostilités d'une faction qui
ne laisse respirer ses ennemis que quand elle
les tient bien serrés dans ses piéges, bien compromis aux yeux de Dieu et des hommes, bien
enfoncés dans la complicité.

Oui, mes révérends Pères, telle est la prin-
cipale cause de ces criantes désertions qui
étonnent le monde et révoltent la raison. C'est

pour ne plus entendre parler de rien que les
royalistes consentent si facilement à tout oublier; c'est pour obtenir qu'on leur passe quelques légères inconséquences, quelques petits
ridicules peut-être, qu'ils passent les sentimens les plus horribles, les crimes les plus
énormes : en un mot, c'est pour que la révolution les laisse tranquilles sur leurs principes
religieux et monarchiques, qu'ils se rendent
volontairement solidaires pour elle, et des
horreurs passées et des horreurs à venir. Un
bon système d'*union* entre eux les dispense-
rait d'oublier aussi lâchement ce que tout au
plus ils sont obligés de pardonner; mais c'est
une de ces choses que tout le monde ne sait
pas comprendre, et auxquelles les niais seront toujours pris.

A présent, mes révérends Pères, voici de
quelle manière j'entends que l'exemple d'*union
sans oubli*, donné par la faction révolutionnaire, pourrait être bon à suivre et à recommander aux royalistes. Certainement, je ne
les engage pas à recruter parmi les libéraux,
comme les libéraux recrutent parmi eux : en
supposant que ces acquisitions fussent possibles, elles seraient de trop mauvaise qualité.
Mais une tâche plus digne d'eux, et qui serait

suffisante, serait d'arrêter le cours des défections qu'ils éprouvent, et de ramener ceux de leurs déserteurs qui ne sont pas engagés sans retour dans les voies révolutionnaires.

Quant à *l'oubli*, je pense qu'ils n'ont rien de mieux à faire que d'imiter là-dessus la conduite de leurs ennemis : ceux-ci ont la mémoire excessivement vivace à l'égard des autres; il faut leur rendre la pareille, et ils finiront sûrement par se dégoûter de cet échange de souvenirs. Quand ils seront ennuyés de n'y point trouver leur compte, et qu'ils demanderont à rompre le marché, on verra ce qu'il y aura moyen de faire pour eux.

CONSEIL III.

On demande aux jésuites une preuve de leur charité
chrétienne en faveur du parti révolutionnaire, qui
aura bientôt grand besoin du secours de leurs doctrines religieuses.

> Des dieux que nous servons connais la différence;
> Les tiens t'ont commandé le meurtre, la vengeance;
> Et le mien, quand ton bras *cherche* à m'assassiner,
> M'ordonne de te plaindre et de te pardonner.

C'est là une très-belle réponse à faire à vos
ennemis, mes révérends Pères. Elle est si conforme à l'esprit qui vous anime, que je n'ai
point la prétention de vous la dicter. Je suis
sûr que vos prières ont devancé là-dessus,
depuis long-temps, les conseils que je puis
vous donner. Mais il est des points difficiles
à observer du fond de vos solitudes, et sur
lesquels vous me saurez gré peut-être de sti-
muler votre charité envers ceux qui vous per-
sécutent.

Fort heureusement, on connaît peu de mé-
thodes à l'usage des révolutions. Ce sont toujours les mêmes ressorts qui servent, les

mêmes élémens remis en fermentation; toujours l'unique ressource d'offrir, à ceux qui ne
possèdent point, la perspective de faire fortune à bon marché. D'où il résulte que le pro-
blême à résoudre est de remplir les mains qui
sont vides et de vider celles qui sont pleines,
ainsi qu'il est dit dans le verset de l'Écriture:
*Esurientes implevit bonis, et divites dimisit
inanes,* passage qu'on serait tenté de prendre pour une description générale des révolutions.

Or, à coup sûr, les mains révolutionnaires
sont aujourd'hui ce qu'il y aurait de meilleur
à faire vider. Celles du clergé, d'abord, sont
très-peu garnies ; il est devenu, en quelque
façon, le Bias de notre siècle ; et s'il arrive
malheur, il ne sera point embarrassé non
plus pour emporter avec lui tout ce qu'il possède. Quant à l'ancienne noblesse, il est vrai
qu'on oublierait volontiers à son préjudice,
l'axiome de *non bis in idem;* mais son pauvre milliard n'est pas encore dans ses poches ;
tandis que les biens dont il est la monnaie,
sont au soleil entre les mains des libéraux.
Ces derniers donc forment présentement la
classe dans laquelle il y aurait le plus à prendre. De manière que c'est pour eux qu'il faut

désormais prier le Ciel de ne point envoyer les nouvelles révolutions qu'ils lui demandent dans leur aveuglement.

Et qu'ils n'aillent pas se flatter que le fléau passerait à côté d'eux, pour chercher plus loin les victimes qu'ils lui marquent d'avance du sceau de leur haine et de leur colère. On a vu des révolutionnaires plus grands seigneurs qu'eux, des révolutionnaires ayant châteaux et palais, qui se croyaient fort en sûreté aussi dans les retranchemens dé l'anarchie. Saturne a bien su les y trouver pour les dévorer, parce qu'ils avaient ce qui fait toujours la matière des proscriptions et des mauvaises querelles: un riche butin, des dépouilles opimes à offrir à ceux qui ne cherchaient rien de plus. La multitude qu'on appelle aux révolutions n'y va guère que pour la curée. Elle est comme ce médecin de la comédie qu'on a mandé auprès d'un homme qui se trouve n'avoir point besoin de lui quand il arrive. « Arrangez-vous « comme vous voudrez, dit-il, mais puisque « vous m'avez fait venir, il me faut absolu- « ment un malade. »

Les gens de peine de l'anarchie n'entendent pas non plus qu'on les dérange pour rien. L'honneur des principes libéraux n'est point du tout ce qui les occupe. Ils veulent du matériel, de l'effectif; en un mot, il leur faut absolument des malades; des malades comme vous voudrez, mais des malades payans. Qu'on soit de la classe révolutionnaire ou des autres, peu importe, pourvu qu'on soit de la classe des riches. Or, il est certain que les libéraux sont ceux qui remplissent le mieux cette dernière condition depuis une trentaine d'années. Ainsi, dans toute entreprise où il s'agira de déplacer la possession et l'argent, les risques seront nécessairement plus grands pour eux que pour les autres. Vous, par exemple, mes révérends Pères, je suis sûr, quoi qu'on en dise, qu'entre vous et tout le clergé séculier du royaume, vous n'auriez pas à verser à la masse, dans une révolution, autant que deux ou trois fournisseurs de vivres et fourrages qu'on pourrait nommer ici en toutes lettres.

Je sais bien qu'il n'entre pas dans les vues du parti révolutionnaire que les choses en viennent là tout à fait. Mais il se trompe fort s'il imagine qu'on ira lui en demander la permission. Je ne veux pour preuve du contraire, que ce qui est arrivé dans son essai d'anarchie du 17 avril. Certainement, il n'avait commandé qu'une illumination pure et simple pour commencer. C'était une espèce d'impromptu dans lequel il se trouvait pris de court; et comme il n'avait rien préparé pour aller plus loin, son intention était bien réellement d'ajourner le surplus. Tous les initiés en conviennent; et quand ils ne l'avoueraient pas, on sent assez qu'il n'avait point eu le temps de régler la marche de ses insurgés pour une expédition complète. Ils le contrarièrent donc par leur précipitation et leur impatience. Dans le fait, pour des gens qui n'avaient reçu de mot d'ordre et de permission que pour illuminer, ils firent un chemin énorme. Le hasard ayant voulu que je me trouvasse engouffré au milieu d'eux, je puis vous en donner des nouvelles.

Déjà ils avaient atteint un degré de chaleur et d'exaltation qui rappelait les saturnales du 6 octobre 1789. A la vérité, ils ne massacraient point encore les agens de la force publique, comme on avait massacré précédemment les gardes du corps de Louis XVI au pied des escaliers de Versailles; mais cela ne tenait qu'à un effort presque surnaturel de modération et de patience de la part d'une troupe qui avait reçu l'ordre, apparemment, de laisser passer cet orage sans rien examiner.

Ce qui est certain, c'est que du côté de la masse anarchique, qui paraissait chercher les aventures, rien ne manquait à la provocation; et que si l'on n'en vint pas aux grandes affaires, il n'y eut nullement de sa faute. On peut dire la même chose de ce qui n'arriva point aux honnêtes gens qui se trouvèrent engagés dans ce mouvement sinistre. Leur seule prudence ou leur timidité les préserva des querelles révolutionnaires qu'on leur cherchait de tous côtés. Il semblait que les jours de la lanterne fussent revenus pour eux. On les examinait d'aussi près que les anciens suspects désignés sous le nom d'*aristocrates*, et dont les tribunaux des rues s'emparaient au premier signal. On interrogeait, pour ainsi dire, les robes et les habits, les chapeaux et les schals, comme pour deviner les opinions politiques de ceux qui les portaient; et pour peu que les apparences fussent jugées contraires à l'esprit d'insurrection, des pluies de feu s'y attachaient avec tous les accompagnemens d'une licence de saturnales. Enfin, remarquez ce que la multitude avait ajouté d'elle-même aux instructions des chefs qui l'avaient mise en mouvement : déjà, dans ses discours, elle distribuait le royaume à plusieurs nouvelles dynasties sur lesquelles heureusement elle ne s'accordait point encore. Seulement, il était aisé de voir qu'elle n'avait point reçu de leçons en faveur de la légitimité.

Vous voyez donc bien, mes révérends Pères, que les chefs du parti anarchique se trouvent emportés, bon gré mal gré, beaucoup au de-là des limites qu'il peut leur convenir de marquer; au moins puis-je vous assurer que, dans leur coup d'essai du 17 avril, ils se virent dépassés des trois quarts du chemin, par la masse des séditieux subalternes. En vain les rédacteurs en chef des quatre journaux révolutionnaires de la capitale se fussent présentés ce jour-là, montés sur leur char de la *raison*, pour faire entendre quelques paroles d'ordre à leurs insurgés, il n'aurait nullement dépendu d'eux de modérer l'impétuosité du torrent. On aurait eu beau crier à la multitude : Mais prenez donc garde, c'est *le Constitutionnel* qui passe, c'est le *Journal des Débats*, c'est le *Journal du Commerce* et le *Courrier français*, leurs chevaux eussent probablement partagé avec ceux des gendarmes, l'odeur de la poudre des mousquets ainsi que les pluies de feu et de pétards. D'où je conclus que nos grands artisans de révolutions sont bien maîtres de déchaîner leurs dogues, mais point de les retenir ; d'allumer des incendies, mais point de les éteindre.

C'est donc à eux que vous rendrez particulièrement service, mes révérends Pères, en travaillant à rétablir parmi nous les salutaires doctrines sur lesquelles repose l'ordre social. Nous en profiterons sans doute par contre-coup ; mais bien moins que ceux qui sont devenus les heureux de ce monde. Car, comme on dit, on ne peut demander qu'aux riches ; et il se trouve que les révolutions n'ont presque plus rien à prendre que chez leurs amis. Vraiment, ceux-ci sont bien aveugles et bien ingrats de vous repousser si rudement et si fièrement. Il faut qu'ils n'aient pas le sens commun pour ne point voir que les bienfaits de la religion sont maintenant la seule chose qui leur manque. A présent que, du côté des biens temporels, ils sont pourvus mille fois au-delà des pauvres amis de l'ordre, qu'ont-ils de mieux à faire que de mettre leurs provisions sous la garde de Dieu et de la paix publique ? Devraient-ils attendre, pour faire ces réflexions, qu'elles leur vinssent de la part de ceux qui n'ont presque plus rien à faire protéger dans ce bas monde par les idées religieuses ?

Ah ! qu'à leur place j'aimerais les jésuites et tous les autres organes de la morale chrétienne ! que je trouverais d'avantages et de plaisir à les voir entreprendre de me sauver des révolutions ! On paie très-cher des chambres d'assurance qui ne mettent que les propriétés à l'abri du feu du ciel et des tempêtes de la mer : la chambre d'assurance des jésuites n'est pas seulement préférable parce qu'elle ne coûte rien, mais surtout parce qu'elle répond à la fois des personnes et des propriétés contre des fléaux bien autrement dangereux que les naufrages et les incendies ordinaires. Non, réellement, je ne dormirais bien qu'à côté d'elle, avec des poches et des mains aussi pleines que celles des libéraux. Elle seule me rassurerait au milieu de tant d'esprits exaltés par l'anarchie, et livrés, faute de frein religieux, à la tentation d'imiter les grands maîtres qui ont fait fortune en déplaçant tout simplement la propriété.

CONSEIL IV.

Nécessité de combattre et d'affaiblir un certain esprit
de popularité qui cherche à se faire une paix séparée
avec les factions.

Mes révérends Pères, je connais deux sortes de popularité; mais elles n'ont rien de
commun que le nom. A mes yeux, l'une fait
grand honneur, l'autre fait grand tort. Celle
que je trouve honorable et légitime appartient
exclusivement à l'ordre moral et religieux;
celle que je n'estime guère appartient à l'ordre
politique.

Une règle certaine pour distinguer la bonne
de la mauvaise popularité, c'est d'examiner
laquelle des deux marche escortée de la reconnaissance et de l'affection des gens de
bien, tandis que l'autre se recommande uniquement auprès de la multitude par ses alliances séditieuses avec elle, par ses criminelles
sympathies, et par leur besoin commun de
désordres publics.

Pour commencer par vous, mes révérends

Pères, j'aime la popularité acquise autrefois par plusieurs milliers d'hommes religieux de votre ordre. Rien ne me paraît plus beau que de retrouver leurs noms encore entourés de respect et d'amour, dans les régions où ils ont porté, avec l'enseignement chrétien, le flambeau de la civilisation et la culture des arts. J'ai voyagé dans quelques-unes des contrées que leurs travaux apostoliques et leur dévouement ont rendues accessibles ; j'ai vu les peuplades qu'ils sont parvenus à dégrossir ; les enfans de la vie sauvage qu'ils ont instruits et policés ; les stupides nomades dont ils ont fait des citoyens intelligens. On m'a montré les champs où ils donnèrent les premières leçons d'agriculture, les hameaux et les villages dont ils furent les premiers architectes, les métiers dont ils ont enseigné l'usage. Mais ce que j'ai remarqué de mieux, c'est le souvenir qu'ils ont laissé partout de leurs bienfaits, de leur patience et de leurs généreuses vertus.

Aussi, je ne m'étonne point de cette réponse pleine d'assurance dont un ancien Père de votre compagnie accabla le conseiller du parlement de Paris qui se trouva, dans le temps, chargé de lui notifier son ordre d'exil.

Le vénérable proscrit était aveugle et plus qu'octogénaire. Son juge crut lui faire une sorte de grâce en lui permettant de choisir le lieu de son bannissement. Comme donc il lui demandait où il voulait être conduit : « Chez « les Hottentots ou les Hurons, répondit le « noble vieillard, j'y trouverai plus d'huma- « nité qu'ici. »

Il avait raison; la mémoire de ses services et de ses religieux travaux vivait dans les régions sauvages qu'il avait contribué à rendre hospitalières. La popularité qu'il y avait laissée, trente ans auparavant, lui aurait ouvert tous les asiles, toutes les protections et tous les cœurs. Car aujourd'hui même que deux générations ont passé sur la trace des souvenirs qui ont consacré le nom des jésuites dans les pays de leurs anciennes missions, il est encore assez commun d'entendre raconter les miracles de leur zèle et de leur charité. Là, on ne les désigne pas sous le nom de *Pères noirs,* comme M. l'abbé Marcet dans sa noire biographie. Les populations n'ont appris à les connaître que sous le nom d'*envoyés de Dieu,* qui ont apporté autrefois dans leur pays la justice, la paix, l'amour du prochain et la loi divine. Elles admirent comme une vertu sur-

naturelle cette sublime inspiration qui a pu
les arracher aux affections de famille, aux
agrémens de la vie, aux douceurs du sol natal, pour les transporter dans des déserts ingrats et funestes, au milieu des souffrances,
des dangers et des rigueurs de la barbarie.
Elles disent avec reconnaissance comment
ils les ont retirées du fond des forêts et de la
compagnie des bêtes sauvages; comment ils
leur ont appris à se secourir entre elles au lieu
de continuer à se détruire par des guerres féro-
ces; comment elles ont reçu d'eux un code de
devoirs qui les associe à la dignité de l'homme
et aux récompenses du christianisme. Voici
même ce qu'elles ont la franchise d'apprendre
aux voyageurs qui les interrogent par cu-
riosité :

« Si les droits de l'hospitalité vous protègent
« maintenant auprès de nous, leur disent les
« vieillards, rendez-en grâce aux saints hom-
« mes qui sont venus nous apporter les com-
« mandemens de Dieu. Avant leur apparition
« dans nos contrées, aucun étranger n'en ap-
« prochait impunément. La loi du plus fort
« était la seule qui fût connue de nos pères, et
« ils l'appliquaient dans toute sa rigueur. En
« ce temps-là vous auriez vainement invoqué

« cette foi publique, ces mœurs hospitalières,
« cet amour du prochain, qui sont devenus
« partout la sauvegarde des voyageurs. Vous
« n'eussiez trouvé parmi nous que des cœurs
« barbares et impitoyables, que des piéges et
« des périls; mais aujourd'hui nous sommes
« de la même famille : jouissez des mer-
« veilleux changemens que le Ciel a opérés
« en notre faveur par la main des mission-
« naires chrétiens; jouissez des saintes leçons
« et des principes d'humanité qu'ils nous ont
« laissés; car c'est toujours de leur parole que
« nous vivons. Personne depuis eux n'est venu
« la renouveler ni la fortifier; et peut-être
« n'aurons-nous de long-temps, pour toute
« civilisation, que le souvenir de leurs vertus
« et de leur charité. »

Ainsi, mes révérends Pères, la confiance
du vénérable jésuite qui se réclamait des Hottentots et des Hurons était parfaitement fondée;
et je trouve qu'il avait raison d'être fier de la
popularité qu'il avait acquise parmi eux. Ce
qui prouve que celle-là est de la bonne espèce,
c'est que, de nos jours encore, elle sert de protection à tous les étrangers qui se présentent
chez les peuples catéchisés pour en réclamer
les avantages et en recueillir le fruit. Car le

bien que les missionnaires ont autrefois semé dans leur carrière apostolique, est devenu comme une succession ouverte au profit de tout le monde. Eux seuls en sont exclus; mais heureusement pour les Hurons, c'est par des arrêts de proscription qui ne sont point leur ouvrage.

Ce que je dis, au surplus, de la popularité qui appartient spécialement à l'ordre moral et religieux, n'est point particulier aux jésuites. Le sacerdoce tout entier paraît destiné à jouir toujours du même privilége, et à garder comme eux l'empreinte du caractère primitif qu'il a reçu de son divin chef. Celui qui a laissé tous les malheureux approcher de lui, qui a cherché les pauvres, les veuves et les orphelins pour les consoler, les lépreux pour les toucher de ses mains, les malades pour les guérir, a voulu que le souffle de son esprit se conservât dans le cœur des ministres auxquels devait être confié le dépôt éternel de sa charité. Aussi, n'ont-ils point cessé de répondre à cette noble vocation, et de se maintenir dans le riche héritage de popularité qu'il leur a transmis.

Je ne m'étonne donc ni ne m'inquiète jamais de voir des princes de l'Église plus accessibles, plus affables et plus populaires que ne le sont

communément les derniers officiers de l'administration publique. Je me réjouis au contraire
de ce que l'on ne connaît pas un seul évêque,
pas un archevêque, pas un cardinal dont il ne
soit beaucoup plus facile d'approcher, que d'obtenir audience d'un secrétaire de sous-préfecture. Ce genre de popularité n'est nullement
à craindre. Jamais on n'entendra dire qu'il en
soit résulté autre chose que des affections per-
sonnelles, des sentimens de confiance et de
charité, et des accroissemens de respect pour
le lien religieux qui rapproche tous les rangs,
qui unit toutes les conditions du christianisme.

De même, je verrai toujours sans inquiétude la puissante, mais légitime popularité
des prêtres séculiers, que leur bienfaisance,
leurs vertus et leurs conseils associent au gouvernement particulier des familles. Voués au
soulagement de toutes les misères, au service
des pauvres et des malades, au ministère de la
réconciliation et de la paix, ils acquièrent souvent, dans les localités où ils résident, plus
d'autorité que la loi civile. Mais loin de l'exercer
au profit du désordre, des passions malveil-
lantes et des factions politiques, ils ne savent
la faire servir qu'à maintenir le repos social,
le devoir et la soumission. Plus maîtres par

leur influence que tant d'esprits séditieux qui croient l'être par leur audace, ils calment ce que les autres irritent; ils améliorent ce que les autres corrompent. Rien donc de plus naturel, rien de plus honorable que cet autre genre de popularité.

Mettons sur la même ligne celle qu'on obtient, sans la chercher, des bénédictions du pauvre et de la reconnaissance des malheureux. On connaît beaucoup de familles dans les hautes classes, et de simples particuliers dans les petites, qui se transmettent, de pères en fils, des réputations de bienfaisance que l'estime publique consacre et recommande à tous les respects. Il est très-juste que des noms si dignes d'être bénis, soient proclamés par la voix du peuple, et jouissent des légitimes honneurs qu'ils ont acquis.

Enfin, avant d'amener votre attention sur le genre de popularité politique dont le caractère me paraît offensif et méprisable, est-il besoin de mettre à part celle qui s'exerce à la sommité de l'ordre social, dans ce rang si élevé où elle ne peut servir à monter plus haut? Quoique révélée à la reconnaissance publique, seulement par une faible partie des voix qui sont tentées de la trahir, on sait assez

— où elle réside. Mais parmi ces noms augustes, il est un nom également adorable, qui jette moins d'éclat aux yeux du monde, parce que celui qui le porte est réduit, comme Thésée, par un destin déplorable, à chercher le silence des champs et l'ombre des forêts, pour y cacher ses douleurs paternelles. Il faut être témoin des bénédictions qui l'attendent partout pour le saluer sur son passage; il faut voir l'empressement des vieillards qui l'ont approché dans son enfance, et l'empressement plus touchant encore qu'il met lui-même à les reconnaître par leurs noms et prénoms, à interroger leurs moindres intérêts de famille, à sonder leurs besoins, et à leur faire ouvrir, pour le lendemain, toutes les portes de son palais; en un mot, il faut connaître les mille petites scènes de bienfaisance et d'affabilité que les hameaux et les chaumières ont à raconter de lui, pour se faire l'idée d'une popularité si noble et si digne d'envie.

Celle dont j'ai maintenant à vous entretenir, mes révérends Pères, offre des caractères bien différens. Remarquez, en effet, les raisons sur lesquelles je me fonde pour la signaler à vos méfiances : aussi perfide que l'autre est innocente, elle ne recherche les suffrages

et les applaudissemens que pour les convertir en menaces et en déclarations de guerre.
L'ambition, l'envie, l'esprit de sédition, les
haines politiques forment son cortége. L'objet
particulier de ses conquêtes est d'amasser autour d'elle des passions violentes pour s'en
fortifier, pour les déchaîner au besoin contre
les rivaux qu'elle cherche à intimider, contre
les supériorités sociales qu'elle veut supplanter. C'est elle qui, de nos jours, a imaginé
d'établir, entre les grands et les petits, ce
continuel échange de félicitations, ce bizarre
commerce de flatterie qui, de part et d'autre,
les couvre également de ridicule. C'est elle
que vous entendez, comme le renard de la
fable, répéter incessamment au peuple niais
qui l'écoute :

Que vous êtes joli ! que vous me semblez beau !

Et lui, encore moins beau qu'il n'est bon,
n'en demande pas davantage pour lui offrir tous ses services, sans penser même à
s'informer de l'usage qu'elle en voudra faire.
Du reste, elle ne songe pas non plus à dire
au pauvre *corbeau* quelle part lui sera réser-
vée dans la distribution des dépouilles opi-

mes; elle se contente de le séduire, et d'emprunter sa *belle voix* pour nous étourdir du bruit de ses menaces. Seulement il faut convenir qu'elle ne le trompe point; car elle ne lui laisse entrevoir que le plaisir de changer de maîtres, et d'assister aux triomphes dont il aura bien voulu faire les principaux frais pour elle; après quoi sans doute il restera perché sur son arbre comme auparavant, si tant est qu'il y puisse remonter après les aventures qu'elle lui aura fait courir.

J'ai souvent ouï parler d'une *morale relâchée* dont le monde révolutionnaire est extrêmement scandalisé. Mais en vérité, mes révérends Pères, je ne sais quel autre nom donner à la morale qui permet d'acquérir la popularité politique au prix où elle s'acquiert de nos jours. Car, à la bien prendre, elle n'est pas des plus honnêtes; et soit qu'on la considère dans sa source, dans ses moyens et dans son but, on la trouve aussi très *relâchée*. Sans doute, si l'on cherchait à se rendre populaire pour en demeurer là, ce serait un goût tout à fait pardonnable. Mais la violence, mais les emportemens de colère, mais l'appareil d'intrigues dont on s'appuie pour arriver à cette conquête, n'annoncent pas certainement une pureté d'intention bien conforme aux règles de la probité. Pour dire les choses comme elles sont, la popularité dont il s'agit, telle que nous la connaissons, est une sorte de crédit qu'on cherche à faire résulter pour soi, du seul discrédit des autres; c'est l'art de se grandir en les rapetissant, et de leur couper les ailes, afin de pouvoir voler aussi haut qu'eux. Invention vraiment singulière, et qui paraîtrait tout à fait neuve, si les Cours d'assises ne nous montraient de temps en temps des femmes qui ont cru s'embellir aussi en défigurant leurs rivales avec des fioles de corrosifs. Or, avouez, mes révérends Pères, qu'il entre dans ce mode de popularité quelque chose qui n'est pas de bon jeu, et que, pour acquérir de la considération, il doit y avoir mille ressources plus honnêtes que celle de ruiner la considération d'autrui. Du moins, la révolution ne prenait pas ces voies détournées pour arriver à ses fins. Quand elle voulait avoir la place ou la fortune des gens, elle les tuait franchement.

Que, du reste, on n'imagine pas qu'il n'en coûte rien pour se faire, en politique, des noms populaires comme la plupart de ceux qui sont maintenant en possession de séduire

les esprits. A quel degré d'abaissement n'est-
on pas obligé de descendre, tantôt pour sourire aux espérances de l'anarchie et de l'impiété, tantôt pour se ménager la faveur et les
applaudissemens des écrivains révolutionnaires, tantôt pour prêter son assistance à des
entreprises dont on est peut-être fort effrayé
intérieurement! Sans doute il est agréable de
s'entendre appeler *défenseur des droits du
peuple, sauveur des libertés publiques;* mais
ce plaisir n'est pas toujours pur, quand on
vient à réfléchir qu'en fait d'enthousiasme et
d'adorations de la part de la multitude, on
n'a, pour ainsi dire, que les restes des Pétion,
des Marat, des Roberspierre. Ce sont des souvenirs qui désenchantent bien sur la valeur de
l'idolâtrie populaire. On a beau se flatter qu'on
sera peut-être plus heureux, on n'en est pas
assez sûr pour savourer les délices d'une commotion anarchique, ni même pour apprécier
les beautés de certaines illuminations. On se
laisse volontiers séduire par l'exemple des anciens parlemens, qui conquéraient la popularité à main armée, contre l'autorité royale.
Mais lorsqu'on se rappelle que la révolution
les a tous hachés avec la dernière ingratitude,
la pensée des charges doit bien dégoûter des

bénéfices. Encore ne parlons-nous ici, més révérends Pères, que de la belle popularité politique, c'est-à-dire de celle qui cherche à nous
rendre un peu d'anarchie et de souveraineté,
seulement pour nous faire plaisir. Car si, au
lieu d'être mue en cela par une sorte de philanthropie niaise, vous supposez qu'elle agisse
par calcul, avec l'arrière-pensée de se mettre
séparément à l'abri des tempêtes, alors ce ne
sera plus de sa part qu'une lâcheté digne de
tous les mépris comme de toutes les méfiances.
La révolution nous a révélé beaucoup de lâche-
tés pareilles; elle en a puni une grande partie;
l'opinion publique a flétri ce qui en est resté.

Si néanmoins cette popularité n'avait d'inconvéniens que pour ceux qui la recherchent,
peut-être ne serions-nous point autorisés à les
en dégoûter. Mais comme, pour l'obtenir, ils
sont obligés de nous compromettre encore
plus qu'eux-mêmes, nous avons certainement
le droit de nous plaindre, et d'examiner leur
conduite. Attachons-nous donc au point de
vue sous lequel la chose nous concerne. Vous
voulez faire votre cour aux passions révolutionnaires, dirons-nous, et vous ménager
ainsi, pour les jours d'orage et de colère, de
petites douceurs dont les autres seraient ex-

clus. Mais songez que nous sommes les autres, s'il vous plaît, et qu'il y va de notre sûreté, puisque l'effet naturel de vos belles comparaisons est de nous signaler à la malveillance de vos cliens, aux rancunes et à l'hostilité des factions. Car l'apologie de vos grands sentimens retombe directement sur nos têtes; car c'est à nos frais et dépens que vous vous introduisez dans les esprits révolutionnaires, pour leur parler de nos torts encore plus que de vos mérites. Permis à vous de les flatter en trouvant bon, pour votre propre compte, que le feu des séditions reste allumé dans le royaume. Mais en nous blâmant hautement de vouloir l'éteindre, vous nous dénoncez, vous armez contre notre sûreté les passions que vous soulevez en votre faveur.

Ne craignons pas de pousser ce reproche plus loin à l'égard de ceux qui ne savent se procurer de la popularité qu'à ce prix. Disons qu'ils font naître eux-mêmes les dangers dont ils ont besoin pour établir leurs ambitions derrière la multitude; et que c'est par une action directe de leur part que le repos des autres est compromis. Sans eux, le peuple ne se connaîtrait point de malaise; ce sont eux qui le forcent de se chercher des souffrances, et qui

en font, à son insu, une espèce de malade imaginaire. C'est leur voix qui éveille ses mauvaises pensées, en lui apprenant qu'il a des
appuis, des points de ralliement, des chefs
de parti, et qu'il est fort de mille alliances, de
mille sympathies dont il ne savait pas le premier mot.

Remarquez, en effet, combien il est surpris
de la science qu'ils l'ont forcé de recevoir tout
à coup, comme par infusion. Il vivait depuis
quatre cents ans, à côté du trésor de Guttemberg, sans se douter le moins du monde de la
quantité de biens qu'il renfermait. Pour les
lui faire découvrir, n'ont-ils pas été obligés de
lui donner une superbe fête de saturnales, une
magnifique illumination accompagnée de pétards et de mousqueterie !

Segniùs irritant animos demissa per aures
Quàm quæ sunt oculis subjecta fidelibus.

Car ils n'ignorent pas, comme vous voyez,
qu'il est encore plus important de frapper les
yeux que les oreilles. Leur calcul ne les a pas
trompés ; quand le peuple a *vu* de quoi il s'a-
gissait, il a paru enchanté d'entendre parler
de la liberté de la presse pour la première fois.

Appelé en grande consultation là-dessus, il en est sorti aussi fier que s'il fût venu d'apprendre à lire, et aussi content d'avoir conservé quelques centaines de mille écus de rente aux journaux révolutionnaires, que si tout cet argent fût tombé dans ses propres poches. Mais il n'en demeure pas moins certain qu'en lui révélant l'existence de cette espèce de toison d'or, on lui a créé, par contre-coup, un besoin imaginaire, et que c'est nous qui sommes chargés de le satisfaire aux dépens de la tranquillité publique.

Et vous-mêmes donc, mes révérends Pères, n'êtes-vous pas une autre preuve des **dangers** qu'on nous fait subir par **convenance** pour les ambitions révolutionnaires? Cette soif de popularité qui dévore je ne sais qui au milieu de nous, n'est-elle pas cause qu'on est allé vous déterrer au fond des labyrinthes où vous étiez cachés comme des ombres impalpables? Car les factions disent aussi dans leur langage : *Oportet unum mori pro populo.* Il faut montrer des victimes à toutes ces pauvres imaginations pour s'en emparer. A coup-sûr, il vaudrait mieux pour elles qu'on ne les rendît point malades. Mais le compte des médecins ne s'y trouverait pas ; et c'est pour

leur faire un sort que nous sommes obligés
de souffrir. Prenez-en donc votre parti, mes
révérends Pères, quand ce ne serait que par
esprit de charité. Puisque la popularité des
uns ne peut s'établir qu'aux dépens des autres, pourquoi ne serait-ce pas vous qui con-
tinueriez d'en payer les frais? Laissons les
choses comme elles sont.

Ne croyez pas, au reste, que mon lit de
repos soit beaucoup meilleur que le vôtre.
Depuis que je me suis avisé de plaider pour
vous, il semble que mon cabinet de travail
soit devenu un bureau de renseignemens. Les
curieux y affluent de tous côtés pour me demander de vos nouvelles. « Puisque vous par
« lez tant des jésuites, me dit-on, il n'est pas
« que vous n'en connaissiez quelques-uns?
« Parbleu! vous êtes bien heureux! Que font
« ils? où logent-ils? comment vivent-ils?
« comment sont-ils habillés? quel âge peu-
« vent-ils avoir? » Or, en vérité, mes révérends Pères, je ne sais que répondre à ces
pauvres gens, et je suis avec eux dans le dernier embarras. Ce serait avoir pitié de moi
que de me procurer votre adresse, si réellement vous demeurez quelque part; sans quoi
je serai obligé de renvoyer mes curieux vers

le *Constitutionnel*, qui connaît tant de jésuites; et assurément vous ne gagnerez rien
au marché. Car, n'en doutez pas, il profitera
de l'occasion pour vous faire défiler devant
son microscope, pour montrer vos innom-
brables légions prêtes à envahir le monde,
et pour renouveler le mot d'ordre de son
champ de Mars. Sans vouloir me flatter, il
vaut mieux que vous ayez affaire à moi pour
les renseignemens à donner sur votre compte.
Je n'en connais que de bons; et je dirais volontiers des jésuites ce qu'un de nos plus illustres écrivains, alors député, eut un jour
occasion de dire à la tribune, au sujet des
Suisses : *Plût à Dieu que tout le monde en
France fût aussi bon Français que les
Suisses!* Mot devenu plus triste et plus vrai
que jamais! Plût à Dieu aussi que l'on ne
connût pas de plus mauvais citoyens que les
jésuites! Que de dangers de moins pour la
religion et pour l'État! que d'esprit de sédition et de passions furieuses qui n'existeraient
point! que d'ouvrages corrupteurs et de journaux révolutionnaires qui ne ravageraient ni
les mœurs ni l'opinion publique! quelle paix
profonde régnerait dans le royaume, si l'on
pouvait dire des malveillans comme des jé-

suites : *Que font-ils ? où logent-ils ? comment vivent-ils ?* Quelle différence d'avenir pour les gens de bien, et que de chances de vicissitudes disparaîtraient à leurs yeux ! Mais nous n'en sommes point à choisir notre position ; occupons-nous de celle qui nous domine.

Je viens de prouver, mes révérends Pères, que la popularité qu'on cherche auprès des factions ne s'acquiert qu'au prix du repos et de la sûreté des bons citoyens. Si nous ajoutons qu'elle doit nécessairement rencontrer sur son passage des princes dont l'intérêt comme le devoir sera de la contrarier dans ses œuvres, de détromper les passions qu'elle séduit, de protéger les liens religieux et politiques qu'elle tend à dissoudre, alors n'auront-ils pas également à souffrir de ses intrigues et de ses perfidies ? n'aura-t-elle pas travaillé à soulever contre eux les esprits malveillans, les sourdes clameurs, les irritations séditieuses, et à leur enlever enfin des affections légitimes pour les transporter sur elle-même ? Et si les princes qu'elle aura ainsi dépossédés d'une partie de l'amour des peuples, venaient à en éprouver quelque dommage sensible, cette défaveur n'aurait-elle pas été visiblement l'ouvrage d'une déloyauté réfléchie, d'un coupable envahissement des droits souverains?

Il ne nous reste plus qu'à dire un mot d'une autre espèce de popularité qui me paraît plus inoffensive, mais aussi beaucoup plus niaise que la précédente. Ce sont les philosophes du dix-huitième siècle qui l'ont mise à la mode, ou plutôt à leur service. Elle consiste à se faire fêter et recommander à l'attention publique, par je ne sais quel esprit de fatuité qui s'en va cherchant les petites adorations dans la foule et les petites alliances philanthropiques. On cite un écrivain religieux qui a mérité le surnom de *pêcheur de saints*, par la quantité de bienheureux qu'il a retrouvés dans les vieilles légendes. On pourrait également citer Voltaire et d'Alembert comme des pêcheurs de niais, à cause de la quantité de vertus philanthropiques qu'ils sont allés déterrer de tous côtés pour les inscrire au livre de la vanité. Avec cette méthode, et au moyen des coups d'encensoir dont ils l'ont appuyée, on ne saurait dire combien ils ont corrompu de petits esprits et gagné d'âmes à l'impiété. Ce fut de leur temps une sorte de maladie mentale que de briguer l'honneur d'être cité par eux, ne fût-ce que pour des noms et prénoms.

Il semble que la même manie cherche à revivre de nos jours dans une certaine classe de gens. C'est à qui obtiendra une petite mention dans les journaux révolutionnaires, à raison de quelque mauvais sentiment, de quelque fait d'anarchie, de quelque pensée d'irréligion; c'est une nouvelle forme sous laquelle se reproduit l'ancienne mode d'accorder *les honneurs de la séance* aux pétitionnaires séditieux. Cependant, il faut en convenir, les gens qui aspirent à la popularité que distribuent *le Constitutionnel* et ses pareils, sont moins fiers que ceux qui la demandaient à d'Alembert et à Voltaire. Entre les uns et les autres, il y aura du moins une prodigieuse différence de longévité; car c'est bien là ce qui s'appelle du vrai *transit gloria mundi.*

CONSEIL V.

On découvre aux jésuites ce que le caractère connu des écrivains révolutionnaires peut offrir de ressources contre les effets de leur malveillance.

> Ces esprits dont on nous fait peur
> Sont les meilleures gens du monde.

Les écrivains révolutionnaires n'ont pas le caractère aussi vigoureux qu'on se l'imagine communément. Ils sont même disposés quelquefois à reconnaître que la religion a de beaux côtés. C'est ainsi, mes révérends Pères, qu'on les a vus en 1814, et à la seconde restauration, en 1815, admettre ouvertement le principe : *Hors l'Eglise, point de salut.* Maîtres alors de choisir les moyens de sûreté qui leur étaient conseillés par les battemens de leur conscience, ils pouvaient à volonté prendre la plume, les armes ou la fuite. Or, ce ne fut à aucune de ces trois ressources qu'ils songèrent à recourir. Après qu'ils eurent examiné ce qu'il y a généralement de plus propre à imprimer le respect, à calmer les ressentimens, à détourner les vengeances et même les soupçons, on les vit affluer dans le pieux quartier du cloître Notre-Dame et dans les divers établissemens religieux de la capitale ; frappant ainsi, de leur propre mouvement, à toutes les portes de la charité chrétienne, et cherchant près des autels un repos que la philosophie révolutionnaire commençait à leur refuser.

Ce n'est point, assurément, pour leur en faire un reproche ; mais qu'il soit permis de constater en faveur du *parti-prêtre*, les hommages involontaires qui lui sont quelquefois rendus par ses plus mortels ennemis. Ceux-ci, comme vous voyez, savent fort bien le retrouver quand la victoire se retire de leurs mains, quand l'orgueil les quitte momentanément ; et qu'ils ont des marques particulières de confiance à donner. C'est auprès de lui qu'ils vont chercher du secours ; c'est sur lui qu'ils comptent le plus pour l'oubli des injures ; en un mot, c'est vers l'Eglise que leur conscience les pousse lorsqu'ils ont besoin de paraître honnêtes gens. Alors ils ne menacent point l'autel de le renverser ; ils lui demandent sa protection ; ils y cherchent un asile ; une sorte d'instinct de respect, qui les gouverne malgré eux, leur indique naturellement ce refuge comme le plus propre à désarmer les vengeances de la terre, et à demander grâce pour les malheureux. Alors ils ne font point de *Mémoires à consulter,* point de pétitions contre l'autorité de l'Eglise romaine. Ils acceptent ses indulgences, et les trouvent parfaitement à leur gré. Peut-être même vont-ils jusqu'à reconnaître intérieurement que c'est une belle invention.

Et remarquez, en passant, combien l'humilité chrétienne réussit quelquefois mieux que l'orgueil philosophique. Celui-ci conseillait sûrement aux grands cœurs dont il s'agit, de ne demander ni grâce ni quartier à la restauration. Il s'opposait de tout son pouvoir à ce qu'ils se rachetassent au prix d'un tel hommage; à ce qu'ils allassent en quelque sorte fléchir le genou devant une Notre-Dame de la *délivrande.* Eh bien, au risque de subir momentanément des préjugés vulgaires, ils consentirent à recourir, dans cette adversité, aux distributeurs ordinaires des indulgences et du pardon. Pensez-vous que leur force ordinaire d'esprit les eût mieux servis? Pour moi, je trouve qu'ils firent très-bien d'accorder au *parti-prêtre* cette marque d'estime et de confiance. Quand cela ne servirait qu'à prouver au besoin qu'ils pensent de lui beaucoup mieux qu'ils n'en parlent, ce serait toujours une chose bonne à retenir.

Du reste, ne donnons pas à ce fait particulier plus d'importance qu'il n'en mérite; contentons-nous de le faire servir à fixer le point de départ d'où les factieux sont arrivés à ce haut degré de confiance, à cette espèce d'état d'ovation dont le cloître Notre-Dame les a vus si loin.

A cette époque donc ils étaient réduits à la condition de supplians et au droit d'asile des autels. Ils bornaient leurs timides vœux à ce que le souvenir du passé ne leur fût pas trop sévère. Quelle capitulation ne leur eût paru bonne à signer, dans ces jours de résignation et d'anxiété! quelles conditions d'amnistie ne leur eussent convenu! Et pourtant c'est de là qu'ils sont partis pour venir tourmenter le gouvernement royal de leurs plaintes séditieuses, de leurs leçons révolutionnaires, pour lui disputer ses droits et dicter ses devoirs! c'est de ce degré d'humilité si peu reconnaissable sur leurs fronts d'aujourd'hui, qu'on les a vus monter ensuite d'impunités en impunités, jusqu'à ce dernier degré d'audace qui leur permet d'affecter la domination, de reprendre l'offensive contre l'autel et le trône, d'exciter de vastes commotions, de remuer enfin toutes les boues de l'anarchie, pour y retrouver leurs anciennes armes et leur vieux drapeau !

Mais que les jésuites n'en soient point émus. Il faut beaucoup moins de pouvoir qu'on ne leur en attribue pour mettre les écrivains révolutionnaires à la raison. Leur caractère est marqué du cachet de toutes les époques ; et chaque empreinte nous les présente sous une physionomie mobile, tour à tour fiers ou modestes, hardis ou timides, humbles ou superbes, selon les phases diverses de l'autorité publique sous lesquelles on les voit passer. Un regard de Jupiter ou de Neptune leur ferait perdre en un jour plus de terrain qu'ils n'en ont gagné dans l'espace de douze ans. Si vous désirez avoir la preuve de ce que j'avance, mes révérends Pères, faites acheter quelques portraits de l'homme vraiment administratif que M. l'abbé de Pradt a si justement surnommé *Jupiter-Scapin ;* détachez-en les sourcils, et ensuite faites-les poser sur le bord des encriers où s'abreuve le génie révolutionnaire :

j'ose vous répondre qu'en présence de cette sévère image du pouvoir, libellistes, journalistes et anarchistes retourneront vingt fois leurs phrases séditieuses dans le bec de leur plume, sans succomber à la tentation de troubler l'Etat.

> . . . . . *Si forte virum quem*
> *Conspexere, silent.*

CONSEIL VI.

Moyens d'adoucir l'humeur belliqueuse des écrivains révolutionnaires, et d'obtenir de leur libre arbitré beaucoup plus qu'aucune censure ne leur pourrait demander.

Votre nouvelle existence, mes révérends Pères, ne date que de l'année 1814; il est donc possible que vous ignoriez ce qui s'est passé en France, avant cette époque, entre les gens de lettres et l'administration. Afin que vous en puissiez tirer quelque profit, je vais vous expliquer ce que je sais de ce régime. Les pièces que j'ai sous les yeux vous en apprendraient bien plus long que je ne vous en dirai; mais il faut être bref, et savoir réduire à quelques pages la matière d'un gros volume.

Toute l'artillerie actuellement employée contre le gouvernement du roi, était employée alors au service du gouvernement impérial. Cependant, Buonaparte ne s'était jamais avisé de faire du droit d'écrire contre lui, un riche apanage pour ses ennemis ; on ne voyait point, de son temps, des arsenaux d'anarchie dont on pût dire : *Cela vaut quatre cent mille francs de revenu,* comme on le dit maintenant de tel journal, dont la rente n'est fondée que sur un brevet de scandale et d'hostilité. Du reste, les gens de lettres qui sont présentement à la tête des commotions révolutionnaires, ne lui donnèrent pas même la peine de les museler ; ils s'attachèrent de leurs propres mains le collier de force qu'on leur a vu porter jusqu'à la restauration : c'était une faveur qu'ils se disputaient entre eux ; et l'ambition de ce temps-là consistait à savoir supplanter un maladroit rival qui tenait gauchement l'encensoir.

Un des plus vaillans champions de notre licence actuelle se chargea de fournir à Buonaparte une petite Charte constitutionnelle pour les journaux. Il ne s'agit point ici d'en apprécier le mérite, de l'approuver ni de la condamner : ce qui importe seulement, c'est de constater les doctrines de cette époque et la manière de voir des gens de lettres qui élèvent aujourd'hui leurs prétentions jusqu'au troisième ciel ; après quoi le lecteur concluera lui-même ce qu'il lui plaira de conclure. Voici

donc le langage que tenaient dans leurs sup-
pliques les journalistes qui, depuis, ont si
fort élargi le cercle de leurs droits et alongé
leur chaîne :

« Il est de la nature des priviléges, disaient-
« ils, de pouvoir toujours être retirés pour
« cause de danger ou d'utilité publique. Lors-
« qu'une maison menace la sûreté de ceux qui
« l'habitent, on n'attend point qu'elle tombe
« sur les passans pour ordonner qu'elle soit
« démolie ; pourquoi serait-on obligé d'atten-
« dre qu'un journal incendiaire eût mis le feu
« aux quatre coins de l'*empire*, pour éteindre
« les brandons qu'on le verrait lancer de tous
« côtés ? Quoi ! lorsqu'il est seulement ques-
« tion d'admettre des enfans dans un collége,
« on commence par vouloir être assuré qu'ils
« ont subi l'opération préservative de la petite-
« vérole ; et quand il est évident que des jour-
« nalistes sont atteints de la peste, on ne pren-
« drait aucune précaution pour les empêcher
« de la communiquer à tout un peuple ! Enfin,
« ajoutaient les sages conseillers d'alors, la
« permission d'étaler sur des feuilles de pa-
« pier quelques dissertations politiques, dont
« le genre humain s'est fort bien passé pen-
« dant six mille ans, n'a rien en soi de plus

« sacré que le privilége accordé à une compa-
« gnie d'actionnaires pour la construction du
« pont des Arts. Or, si le pont des Arts de-
« venait nuisible et dangereux, certainement
« vous auriez le droit de le fermer ; les entre-
« preneurs le savent si bien, que jamais ils ne
« vous donneront occasion d'y envoyer des
« *censeurs* pour l'examiner : rapportez-vous
« en là-dessus au désir qu'ils ont de conserver
« leur droit de péage.

« Eh' bien, nous, entrepreneurs de jour-
« naux, nous saurons tout aussi bien remplir
« les conditions de notre existence ; nous les
« aurons toujours présentes à l'esprit, afin
« que notre pont ne soit point fermé, ni son
« droit de péage retiré de nos mains. Reposez-
« vous sur notre sagesse ; nous comprenons
« à merveille que notre privilége ne saurait
« s'étendre jusqu'à compromettre la sûreté
« publique, ni jusqu'à tourner le bienfait
« contre le bienfaiteur. Ainsi, ne vous don-
« nez pas même la peine de nous chercher
« des censeurs ; vous n'en trouveriez jamais
« de plus sévères que nous-mêmes, ni de plus
« attentifs au maintien de notre privilége. »

Telle était, dans cet âge d'or de la sagesse,
telle était la manière dont les choses furent

long-temps envisagées par ces mêmes journalistes que vous voyez aujourd'hui si turbu-
lens et si révolutionnaires. Pour vous mettre
en état de juger ce que leur caractère peut
encore vous offrir de ressources , il n'est peut-
être pas sans intérêt de vous présenter une
esquisse de leurs mœurs sous les premiers
ministères de la restauration.

A cette époque, ils conservaient, comme
malgré eux, l'habitude du collier de force
qu'ils s'étaient volontairement donné sous le
précédent régime. Seulement il leur prit fan-
taisie de le faire dorer. L'allure timide des
nouveaux ministres leur parut propre à faire
monter le prix de l'encens et de la liberté de
la presse. Ils en profitèrent pour se faire ouvrir une feuille des bénéfices. Tel journal y
fut inscrit en gros à raison de 6000 francs de
prébende par mois, et les autres, en détail,
c'est-à-dire dans la personne de leurs ouvriers
tenant la plume, pour des sommes que le gas-
pillage administratif empêchait de mesurer.
Les appétits s'ouvrirent de plus en plus pendant les sept ou huit premières années. On
se fit légèrement frondeur par calcul ; on
raccourcit les encensoirs ; on en diminua la
fumée ; on essaya souvent de mettre le mar-

ché à la main pour faire augmenter les subsides; et comme ce jeu produisait toujours
des effets merveilleux, on en vint bientôt
jusqu'aux prétentions les plus exorbitantes.
La louange, et même la simple neutralité,
devinrent hors de prix.

C'est dans cet état que le ministère actuel
trouva les choses. Il ne tenait certainement
qu'à lui d'éteindre le feu des brûlots qu'on
lança pour le tâter. Mais au lieu d'augmenter
la solde des espèces de janissaires qui avaient
si chèrement vendu un peu de repos à ses
prédécesseurs, il leur rendit malheureusement, avec leurs anciens marchés, et leur
naturel séditieux et leur esprit d'hostilité. En
un mot, il les raya de cette feuille des bénéfices où ils avaient trouvé jusqu'alors tant
de calmans salutaires et de si gras pâturages.
Parole, engagemens, usage du libre arbitre,
tout fut remis de part et d'autre; il n'y eut
que l'argent touché pendant huit ans, qui
ne fut point rendu. Je l'avouerai toutefois, le
nouveau ministère commit là une faute des
plus graves, parce que, dans les gouvernemens à tribunes, il est presque indispensable
de savoir traiter de puissance à puissance
avec la liberté de la presse. Mais cette faute,

néanmoins, n'est pas de la nature des péchés contre le Saint-Esprit qui ne se remettent ni dans ce monde ni dans l'autre ; elle peut se remettre dans celui-ci moyennant finance, en vertu du principe : *Sublatâ causâ.*

A présent donc, mes révérends Pères, vous connaissez aussi bien que moi l'origine de notre malaise, de nos agitations, en un mot, de ce que Louis XVIII appelait *des inquiétudes vagues mais réelles :* il s'agit d'un subside maladroitement retiré à une cinquantaine de rentiers révolutionnaires qui croiront la patrie en deuil de leurs pensions, tant qu'ils ne les verront point revenir. Puisque vous possédez tant de trésors, et que c'est vous qui gouvernez sous main, convenez que vous seriez bien inexcusables de nous laisser plus long-temps en proie à la sédition et à l'anarchie, quand vous savez que la paix publique tient à si peu de chose. Songez d'ailleurs que vous seriez les premiers à vous bien trouver du remède que je vous indique. Car, après tout, vous êtes dans cette affaire la partie principalement intéressée. C'est à vous que tous les mécontentemens s'en prennent ; c'est à vous qu'on redemande de tous côtés ce que l'on a perdu ; c'est vous qui êtes reconnus pour souffler les conseils perfides , les mauvais systèmes d'économie, l'esprit de réforme et d'ingratitude.

Assurément, je ne vous compare point à ces pauvres rédacteurs responsables de journaux, qui entreprennent à forfait toutes les expiations qui peuvent tomber à la charge d'autrui. Mais pourtant il est bien vrai de dire qu'en matière d'accusation , l'opinion publique ne connaît que vous, comme la justice ne connaît qu'eux. Je remarque même entre vous un autre point de rapprochement qui frappe encore davantage : c'est qu'on sait fort bien vous trouver les uns et les autres quand on a des plaintes à former ou des coups à faire recevoir; mais qu'il n'est jamais question ni d'eux ni de vous quand il y a quelque part un bon suffrage à recueillir.

Je vous prie de me pardonner la comparaison, mes révérends Pères ; mais votre position me rappelle une scène que j'ai vue décrite dans je ne sais quel recueil de bouffonneries. Il s'agit d'un homme dont les bras étaient momentanément engourdis par l'état d'ivresse où il se trouvait. Comme il passait le long d'une maison, il crut recevoir sur la tête un genre d'insulte qui lui parut fort déplaisant. Dans sa colère, il s'arme de grosses pierres avec lesquelles il brise les carreaux de vitre du premier étage. On a beau lui crier que la cause de son humeur vient de plus haut, il continue comme il a commencé, en disant : « Eh bien ! arrangez-vous avec le se- « cond étage ; il m'est impossible d'atteindre « au-dessus du premier. » Arrangez-vous aussi, mes révérends Pères, avec la religion et la royauté ; mais commencez par recevoir les pierres que la révolution leur lance, jusqu'à ce qu'elle puisse les jeter plus haut. Cependant, croyez-moi, le meilleur parti à prendre serait de profiter des immenses richesses que vous avez en maniement, pour rétablir la haute-paye que les ministres actuels ont eu la maladresse de retrancher aux janissaires de leurs prédécesseurs.

On va chercher bien loin des remèdes contre la licence qui ravage le royaume ; bien loin des remèdes contre le ver révolution-naire qui ronge l'autel et le trône ; bien loin encore des projets de loi destinés, au milieu de l'impunité générale des mauvaises doctrines, à subir seuls une rigoureuse censure. Quelque chose de plus court et de plus simple que tout le reste amènerait cependant les résultats qu'on cherche à obtenir : reprenez aux journaux séditieux des abonnemens de six mille écus par trimestre ; si ce n'est pas assez, prenez-en de douze mille, et vous serez surpris du merveilleux changement qui s'opérera tout à coup dans la face des choses, ou du moins dans la manière de les envisager.

Si vos coffres ne sont pas aussi pleins qu'on le dit, mes révérends Pères, aimez-vous mieux recourir à un moyen plus économique? faites qu'on adopte le système que nos écrivains révolutionnaires ont eux-mêmes fourni à Buonaparte du propre fond de leur sagesse; ce sont eux qui lui ont enseigné les premiers, qu'un brevet de journaliste est de la nature des bienfaits, des concessions bénévoles, des priviléges révocables à volonté. Si réellement, comme tout le monde l'assure, vous êtes les seuls conseillers qu'on écoute aujourd'hui, bornez-vous à faire revivre cette doctrine, qui est en effet, de toutes celles que l'on connaît, la moins présomptueuse et la moins téméraire. Avec elle, point de censure; avec elle, pleine jouissance du libre arbitre, c'est-à-dire pourtant de ce libre arbitre qu'on retire aux incendiaires, quand ils en abusent pour brûler des maisons; qu'on retire aux malfaiteurs, quand ils le font tourner contre l'ordre public, qu'on doit retirer aux factieux, quand ils s'en servent pour prêcher l'irréligion et l'anarchie, pour arborer contre l'autorité royale les insignes de la souveraineté du peuple, et pour faire brûler les œuvres de la couronne dans des feux de joie. Car tous les brevets d'impunité qu'on prétend être délivrés par certains gouvernemens pour toutes ces sortes de cas, nous paraîtront toujours, à nous, des actes de suicide, des résolutions inouïes, qu'aucune interprétation possible ne saurait jamais faire admettre ni supposer; et comme c'est aussi ce qui a été mille fois reconnu avec Buonaparte par les gens qui s'en dédisent aujourd'hui avec les Bourbons, il ne s'agit que de changer une date pour être d'accord avec eux.

Que, du reste, on continue de se débattre comme on l'entendra, et sur les doctrines constitutionnelles, et sur les libertés publiques, et sur les cas de conscience de la faction anti-monarchique, nous attachons fort peu d'importance à ce que la dispute soit bien ou mal soutenue de notre côté. La seule chose vraiment essentielle, c'est que l'identité des personnes demeure bien constatée à l'égard

des écrivains qui se font tour à tour frères-
portiers dans les communautés religieuses et
chefs de parti dans les journaux anarchiques;
amis ou ennemis du gouvernement royal, selon le taux des abonnemens qu'il prend avec
eux. Tant que la voie des subsides ne sera
point fermée en France; tant qu'une nouvelle
feuille des bénéfices pourra s'y rouvrir, il est
évident qu'il y aura toujours moyen de concilier leurs principes avec le repos public.
C'est aux révérends Pères à profiter de cette
observation, et à tenir le trésorier de leur
épargne en mesure de remplacer au besoin
les projets de loi sur la police de la presse.

CONSEIL VII.

Système de représailles proposé aux révérends Pères contre les écrivains séditieux, comme moyen de les rendre plus circonspects.

On ne cesse d'entendre dire, mes révérends Pères, que vous dirigez le gouvernement tout de travers. Que ce reproche soit fondé ou non, au moins ne méritez-vous pas qu'on vous accuse de le diriger dans un esprit de vengeance; car vos ennemis et les siens vous donneraient beau jeu, assurément, s'il vous convenait de vous emparer des armes qu'ils ont laissées derrière eux, à toutes les époques, dans des dépôts où elles seraient faciles à retrouver.

Sans doute vous avez entendu parler de ce *livre rouge* où les chercheurs de la révolution trouvèrent de quoi faire proscrire une multitude de serviteurs de l'ancien régime. Depuis lors on a presque toujours revu de ces livres rouges; on en a revu sous le règne de Buonaparte ; on en a revu sous le ministère de M. de Richelieu ; on en a revu sous celui de M. Decazes ; et, par parenthèse, ils étaient fort gros.

Nous ne demandons point qu'on les fasse servir à tuer les révolutionnaires, comme le premier servit à tuer les royalistes, mais seulement à les faire taire. C'est un genre de vengeance qu'ils ont rendu parfaitement légitime, et qui aurait l'avantage de procurer un peu de repos aux gens de bien. Ce repos ne leur est-il pas assez dû, mes révérends Pères, quand on songe au métier de dupes qu'ils font depuis si long-temps ? Quoi ! ils ont tant de moyens de représailles contre leurs ennemis, ils auraient tant de pierres à prendre dans les *livres rouges*, pour se mettre en état de riposter aux coups qu'ils reçoivent, et personne ne pense à les placer dans leurs mains ! Il semble qu'on prenne plaisir à les voir éternellement rester les épaules courbées sous ces grêles d'orages dont ils ont été mille fois percés jusqu'au vif.

De tous côtés on n'entend parler que de petites pailles cherchées dans les yeux des prêtres et des royalistes. Il n'est aucune biographie dont on ne s'avise contre les diverses classes de gens de bien. Mais en a-t-on publié une seule qui pût blesser le moins du monde une faction révolutionnaire, ancienne ou nouvelle? a-t-on jamais ouï parler d'une biographie des pillards et des voleurs publics; d'une biographie de la bande noire; d'une biographie des vainqueurs de la Bastille, ni même des *septembriseurs;* d'une biographie des traîtres et des parjures; d'une biographie des écrivains impies et séditieux? A-t-on seulement songé à faire une nouvelle édition du *Dictionnaire des athées* de M. Delalande? Non, mes révérends Pères, ces diverses catégories et autres analogues ne sont venues à la pensée de personne. Mais en revanche, on n'a rien oublié pour livrer au fouet des furies tout ce qu'on a pu atteindre de caractères honorables, de sentimens religieux et monarchiques. C'est que véritablement il n'y a rien d'arrêté nulle part que dans les idées de la faction active qui mine les fondemens de l'ordre social, et que l'habitude de dominer sans contestation a fini par lui élever le ton fort au-dessus de toutes les autre voix.

Continuer de rester sous ses coups, la poitrine découverte, sans lui en renvoyer aucun, c'est, à mon avis, un genre d'indifférence encore plus dangereux qu'il n'est stupide. Remarquez bien, en effet, que la patience s'interprète généralement en l'honneur de ceux qu'elle épargne, et que, du silence qu'on garde avec lui, un ennemi ne conclut jamais qu'on le méprise. Il aime mieux supposer qu'on le trouve fort, et qu'on a peur : ce qui est dangereux pour lui, si la chose est fausse, dangereux pour les autres, si elle est vraie.

Pour moi, je ne vous le cache point, mes révérends Pères, à la place de ceux qui méditent de nouveau la subversion de l'autel et du trône, je ne pourrais me défendre d'un peu d'orgueil et de confiance, en voyant ce qui se passe du côté des honnêtes gens. Voilà de bons adversaires, me dirais-je, dont la malice n'est point à craindre, et qui ne savent tirer parti de rien. Il y a de quoi nous confondre dans tous les *livres rouges* de l'administration publique : services honteux, pétitions honteuses, honteux principes et honteuses intrigues, antécédens honteux de mille espèces, tout est là, et tout dort d'un oubli profond; tout dort, sans qu'on pense à exhumer contre nous rien qui puisse troubler le calme parfait dont nous jouissons; tout dort, et c'est nous qui troublons le sommeil des autres; c'est nous qui fouillons impunément dans les vies privées de nos antagonistes, pour y chercher quelques légères épluchures ; c'est nous qui sondons le cœur et les reins des hommes religieux, des royalistes sans peur et sans reproche ! et nul parmi eux n'entreprend de faire sortir de la poussière tant de mille monumens accusateurs, tant de certificats de félonie et de corruption, tant d'arriérés de comptes qui traînent partout sur notre passage ! Profitons de ce qu'ils n'ont point de mémoire, pour exercer la nôtre à leurs dépens...

Vous direz peut-être, mes révérends Pères, que je vous donne là un conseil de vengeance incompatible avec l'esprit de modération et le religieux silence qui règnent dans vos solitudes. Souffrez que je travaille à lever ce scrupule mal entendu. La vengeance n'est contraire aux sentimens chrétiens, qu'autant qu'elle découle d'une animosité particulière, et qu'elle a pour objet de procurer aux passions humaines quelque genre de satisfaction individuelle. Celle-là, vous avez raison de la réprouver. Mais il ne s'agit ici que d'enchaîner des efforts criminels pour la sûreté publique ; il ne s'agit que des révolutionnaires en gros ; et l'on ne parle d'ailleurs que de les museler pour leur bien autant que pour le nôtre.

C'est cette espèce de vengeance, mes révérends Pères, que je ne crains point de vous conseiller. Si c'est le nom qui vous fait peur, il y a long-temps que celui de *vengeance du Ciel* et de *vengeance des lois* est là pour le justifier et l'ennoblir. Ce que je vous propose, après tout, est-il moins pardonnable que ces autres vengeances qu'on dit être inhérentes à l'esprit de corps, et que l'usage a consacrées comme une sorte de monnaie courante ? N'a-t-on pas vu en France pendant plusieurs siècles, et peut-on répondre qu'on n'y reverra jamais certaines compagnies de magistrats qui, pour une pique frivole, pour une légère égratignure faite à l'amour-propre, ont donné souvent, et donneront peut être encore, par la suite, de ces exemples de représailles qu'on vous demande avec bien plus de raison contre les ennemis de la religion et de l'ordre social? Rappelons-nous seulement quelques-unes de ces bouderies de nos anciens parlemens, pendant lesquelles la justice était refusée ou rendue tout de travers ; les devoirs méconnus ou remplis au *minimum,* comme tout ce qui se fait par esprit de contradiction ; les résistances politiques, les entreprises factieuses, la désaffection, les mécontentemens soufflés dans tous les cœurs ; le repos de l'Etat compromis par de petites rancunes ; les révoltes enhardies dans le peuple, par l'exemple des juges chargés de les punir ; Damiens, enfin, sortant de ce foyer d'aigreur et de vengeance pour mettre le comble aux désolations publiques. Et tout cela, mes révérends Pères, pour de minces intérêts de vanité que la magistrature d'alors voulait faire triompher, en haine d'un ministre ou de tel autre rédacteur d'édits et ordonnances.

Si le conseil que je vous donne à l'égard des écrivains séditieux, n'était fondé que sur des motifs aussi peu graves, croyez bien que la pensée ne m'en serait jamais venue, et que, dans tous les cas, je ne l'exposerais point au jugement de votre charité chrétienne. Mais il s'agit des plus hauts intérêts de l'Eglise et de l'Etat ; il s'agit, pour tout le monde, de la perte ou de la conservation des deux grands appuis qui nous soutiennent, et pour vous, en particulier, de tout ce qui fait l'objet de vos religieux travaux. Ainsi, rien ne paraît plus légitime qu'un système de représailles dans lequel nous n'avons à faire entrer, contre nos ennemis, que des anecdotes historiques et des antécédens actuellement épars dans tous les répertoires de l'administration publique.

Je termine ce septième conseil, mes révérends Pères, à peu près dans la forme des *Mille et une Nuits,* en vous répétant toujours : Puisque vous êtes maîtres, ordonnez; c'est mon *delenda Carthago*. Faites donc ouvrir les arsenaux où l'on a tant négligé de chercher des armes pour accabler le parti qui ne cesse de tourmenter les autres, et comptez qu'il ne tardera pas à perdre son assurance.

CONSEIL VIII.

On demande aux jésuites une déclaration de principes
qui puisse servir de base à un concordat avec le parti
révolutionnaire.

Tant que le parti révolutionnaire ne saura
point le fond de votre pensée, mes révérends
Pères, il est naturel qu'il vous attribue la
manière de voir et les intentions qu'il aurait
à votre place. D'après cette règle de jugement, il doit vous supposer des idées complètes en fait de réparation, parce qu'il ne
connaît, lui, que les idées complètes en fait
de destruction. Quand il s'est vu maître du
trône, vous savez s'il en a laissé quelque ves-
tige; quand il s'est vu maître de l'autel, vous
savez s'il l'a renversé à demi. En un mot, tous
les actes de son règne prouvent qu'il est d'un
naturel ennemi des termes moyens et des œuvres imparfaites. Par conséquent, il doit avoir
quelque peine à concevoir une royauté qui
ne tue point complètement les révolutions,
comme aussi une religion qui ne tue point

complètement l'impiéte. Voilà pourquoi il restera toujours en méfiance contre l'une et contre l'autre, sans pouvoir se figurer l'excès de modération dont elles usent à son égard. Etonné du repos dont elles le laissent jouir, il en croit à peine ses yeux; parce qu'il se souvient, comme malgré lui, du temps où il savait autrement faire valoir les droits du plus fort et de la victoire.

D'après cette considération, mes révérends Pères, il serait peut être à désirer que vous en vinssiez, avec lui, à des explications franches et catégoriques, qui fussent de nature à lui tranquilliser l'esprit. Pourquoi, par exemple, ne lui annonceriez-vous pas sans difficulté, que, vu l'état déplorable où il a mis tous les intérêts de la morale et de la religion, vous renoncez, pour deux siècles, à en rétablir plus de la moitié? En ne lui disant là-dessus que la vérité, vous le soulageriez du poids d'inquiétudes qui l'accable; vous ménageriez ses idées sur le point de destruction qu'il a le plus à cœur. Son désespoir se calmerait en proportion du mal que vous lui laisseriez pour consolation.

A votre place donc, mes révérends Pères, je n'hésiterais point à faire la part du feu; et

je transigerais avec une certaine générosité.
Assurément, je craindrais de trop effaroucher
les ennemis du trône en redemandant la moitié du bon ordre, de la paix publique et de la
sécurité d'autrefois; mais je tâcherais d'en obtenir un quart bien assuré; et, à mon avis, ce
serait un marché d'or. Quant aux choses qui
regardent l'autel, je n'ose pas m'y connaître
assez pour déterminer la part de sacrifices
qu'il peut accorder. Seulement, je comprends
très-bien qu'il ne saurait en faire aucun aux
dépens des doctrines éternelles et des principes fondamentaux de la religion. De même,
relativement à son temporel, je ne vois guère
non plus ce qu'il pourrait en abandonner. La
révolution y a mis bon ordre, et son excuse
là-dessus est toute trouvée, Dieu merci; mais
il est d'autres points susceptibles d'accommo-
dement et de transaction. Tels sont ceux qui ne
touchent qu'à la pratique, qu'au plus ou moins
de devoirs à maintenir en vigueur, qu'au plus
ou moins de débris à sauver du naufrage :
c'est cette partie que je voudrais voir régler
par une sorte de concordat dont je vais vous
indiquer la forme.

Art. 1er. Le parti révolutionnaire conser-
vera la pleine et entière jouissance de son

irréligion et de son impiété. Nul ne pourra
le troubler dans la tranquille possession de sa
matière animale. De son côté, il renonce à
pervertir les cœurs et les esprits qui ne le sont
pas ; à corrompre la jeunesse par ses conseils
anarchiques, par son entreprise d'ouvrages
anti-religieux, et par son débit général de
poisons. Moyennant quoi, il demeure libre
de garder pour son usage propre ses mauvais
livres, son incrédulité, sa licence et toute la
corruption de ses pensées.

Art. 2. Les ennemis actuels de l'Eglise
romaine sont dispensés, pour eux et leurs
enfans, jusqu'à la troisième génération, de
toute espèce de croyance et de devoirs religieux ; mais ils laisseront aux autres le libre
exercice de la foi chrétienne, sans travailler
à les convertir aux doctrines révolutionnaires
et à l'impiété. Renoncent aussi lesdits ennemis de l'Eglise romaine à inquiéter ni moles-
ter les vrais fidèles dans les pratiques du culte
catholique, et dans la jouissance des conso-
lations qu'ils cherchent aux pieds des autels.

Art. 3. Les élèves des arts et métiers de
Châlons, ceux des écoles de droit et de médecine, des colléges de Paris, de Versailles
et autres lieux, ne seront jamais recherchés

par les jésuites au sujet de leurs fréquens essais d'anarchie ni de leur caractère prononcé d'émancipation. Réciproquement, les écoliers de Saint-Acheul ne seront plus poursuivis et tournés en dérision par les écrivains révolutionnaires, à raison de leur esprit de subordination, de leur bonne conduite et de leur peu de dispositions à l'insurrection.

ART. 4. Jusqu'à ce que la religion et la morale aient reconquis un quart de l'influence dont elles ont joui par le passé, pour le bonheur des peuples, il sera permis de travailler à leur rétablissement, sans être traduit au tribunal révolutionnaire du *Constitutionnel*, comme accusé d'envahir tous les droits de la puissance publique, et d'aspirer à la domination universelle.

ART. 5. Tant que le clergé de tout un diocèse ne réunira pas ensemble autant de revenus que deux journaux révolutionnaires de la capitale, il sera expressément défendu de se récrier sur ses richesses, sur sa tendance à redevenir grand propriétaire, et à ressaisir le temporel dont la révolution l'a dessaisi.

ART. 6. La recherche du passé étant interdite en France par rapport aux mauvaises actions qui sont consommées, la recherche de l'avenir l'est également par rapport aux bonnes intentions dont on peut être soupçonné ; de sorte que les jésuites actuellement vivans sont dispensés de rendre compte aujourd'hui de ce qu'ils feront en 1863, comme leurs ennemis de ce qu'ils ont fait en 1793. De même ; si le clergé de France consent à oublier la manière dont ses biens sont tombés au pouvoir des conquérans de la révolution, ceux-ci reconnaissent, de leur côté, qu'ils ont perdu le droit de chicaner les autres sur la manière d'en acquérir.

Du reste, mes révérends Pères, je ne prétends point dicter ce concordat ; vous saurez mieux que moi en régler les conditions : je me borne à vous en suggérer l'idée et la forme. Un pareil accord, au surplus, ne serait point nouveau. J'eus occasion, il y a quelques trente ans, d'en proposer un semblable dans une affaire qui faisait alors grand bruit : il s'agissait de savoir si l'on rendrait aux églises la permission de sonner leurs cloches. La dispute était chaude à ce sujet. Les royalistes voulaient bien ; mais déjà les révolutionnaires commençaient à sentir le prix du silence, et ils ne voulaient point. Or, voici la transaction que je proposai pour en finir ;

et je ne crains pas de la donner comme un
modèle de tous les bons concordats présens
et à venir :

Air des Fraises.

> Plus ni cloches ni battans ,
> C'est le vœu d'une horde
> Qui sait que, dans l'ancien temps,
> Les cloches n'allaient pas sans
>   La corde. (*Ter.*)
>
> Ces jacobins que j'entends
> Crier : *Miséricorde !*
> Seraient moins récalcitrans,
> S'ils ne voyaient là-dedans
>   La corde.
>
> Sur les cloches maintenant
> Pour que chacun s'accorde ,
> Partageons le différend....
> Rétablissons seulement
>   La corde.

Croyez moi , mes révérends Pères ; cher-
chez aussi quelque terme moyen pour en finir
avec le parti révolutionnaire. Surtout , ména-
gez son goût pour les biens d'Eglise : il n'aime
que cela de toute la religion ; mais il y est fort
attaché. Passez-lui donc le temporel , et peut-
être vous passera-t-il le spirituel. Car, observez bien que le refrain de toutes ses inquié-

tudes sur le rétablissement du culte, est toujours l'amour des richesses dont il croit le
sacerdoce tourmenté. C'était la même chose
avec les émigrés : aussi long-temps qu'il a eu
sur l'esprit sa fâcheuse insomnie de restitution, il n'a cessé de leur chercher des querelles de mauvais débiteur, et de leur montrer
les dents, comme le loup de la fable, sous
prétexte qu'ils troublaient son eau. Mais, depuis que nous avons soldé son compte avec
eux et payé pour lui, voyez comme il les
laisse tranquilles ! Certainement il vous accor-
derait la paix au même prix ; et peut-être
même serait-il bien aise que l'Eglise lui amas-
sât encore quelque chose. Tout en la gron-
dant sur ce que son royaume n'est pas de ce
monde, je suis sûr qu'il ne mettrait aucun
scrupule à en doter le sien, à lui, qui est
tout à fait terrestre ou territorial, et un peu
semblable au *ciel matériel* de la vieille physique. Mais malheureusement je ne vois plus
rien qu'on puisse offrir à ces messieurs, de
la part du clergé de France, si ce n'est une
bonne renonciation aux biens de ce monde,
au moyen de laquelle ils consentiront peut-
être à ne plus troubler personne dans la recherche des biens de l'autre.

CONSEIL IX.

Comment on fait voir aux révérends Pères que le voi-
sinage de Paris ne leur est point favorable, et que
leur maison de Mont-Rouge en est trop près d'une
vingtaine de lieues.

Mes révérends Pères, lorsque la peste règne
dans une ville, vous savez qu'il est d'usage de
tracer au dehors un grand cercle nommé
cordon sanitaire. Il me semble que la même
précaution devrait être prise avec plus de
raison encore contre la peste des idées et des
mauvais principes. C'est dans ce sens que je
crois vous donner un excellent conseil en
vous engageant à transporter votre commu-
nauté de Mont-Rouge au-delà du cordon sanitaire de la capitale.

Ce n'est pas, mes révérends Pères, que je
craigne pour vous personnellement le voisi-
nage de la contagion. Il y a dans votre esprit
et dans vos mœurs religieuses de quoi vous
mettre en sûreté; mais c'est que vous n'avez
rien de bon à espérer de votre mission divine

dans une atmosphère de corruption où tout
se réunit pour lui résister et la repousser.
Ainsi, le séjour de Paris, dans lequel je
comprends un rayon de vingt lieues, à cause
de la portée des exhalaisons, ne vous convient nullement. Votre zèle apostolique s'y
exercerait en pure perte; vos pieux efforts,
vos vertus et vos salutaires doctrines n'y peuvent produire que trouble et scandale; enfin,
la lime des jésuites ne saurait mordre sur des
esprits aussi fortement trempés d'anarchie et
d'irréligion. C'est tout au plus si l'on ne croit
pas vous faire grâce en ne posant point de
couronnes d'épines sur vos têtes. Cette pensée
m'alarme si fort à votre sujet, qu'au moindre
signe de commotion révolutionnaire, au premier mouvement des flots qui soulèvent une
école d'étudians séditieux, je vous adresse
malgré moi cette exclamation du vieil An-
chise : « Fuyez, fuyez, voilà qu'ils appro-
« chent; j'aperçois des boucliers qui relui-
« sent, des armes qui brillent ! »

> *Fuge.... propinquant;*
> *Ardentes clypeos, atque æra micantia cerno.*

Et malheureusement je parle ici, mes ré-

vérends Pères, d'une cause dont les effets ne
paraissent point devoir cesser. La révolution
a fait de Paris une ville d'exception qui ne ressemble à rien, qui n'a plus aucune physionomie arrêtée, point de mœurs fixes, point de
caractère, point d'esprit public qu'on puisse
dire lui appartenir en propre. C'est une espèce de bassin dont l'eau naturelle se trouve
sans cesse altérée par les canaux qui viennent
y déposer la corruption de toutes les provinces, sans compter celle des pays étrangers.
Là, se réunissent et s'entassent comme fortui-
tement, les intérêts cosmopolites, les égoïs-
mes sans affection, les ambitions qui cherchent fortune, les passions que le vice remue.
C'est à Paris que se réfugie l'enfant prodigue
qui a gaspillé l'héritage de ses pères ; le débiteur qui fuit la poursuite de ses créanciers ;
l'homme déclassé qui a perdu l'estime de son
canton ; le fils débauché qui secoue le joug
de l'autorité paternelle ; l'intrigant qui s'é-
chappe de sa sphère pour venir tendre des
piéges plus sûrs au milieu de la confusion.
En un mot, l'ardent coureur de hasards, le
banqueroutier fugitif, le spéculateur avide,
l'esprit remuant, le caractère dangereux, le
nom perdu et déshonoré ; tout cela vient

aboutir de mille côtés au grand réservoir du vice et de la corruption.

Je n'ai point à justifier ici, par une exception connue de tout le monde, ce fonds de population dont les mœurs pourraient servir de modèle aux plus honnêtes gens du royaume. Ce ne serait d'ailleurs qu'une preuve de plus de ce que j'avance : que le génie du bien se trouve comme emprisonné chez lui, sans force et sans action extérieure, tandis que le génie du mal occupe seul tous les dehors, avec une grande supériorité de vigueur et d'influence.

Il est difficile, à coup sûr, mes révérends Pères, qu'avec de tels élémens on puisse composer une ville accessible à la parole sainte et à la pieuse influence des jésuites. Une chose qui me paraît plus naturelle, c'est que vous y soyez considérés uniquement comme des censeurs insupportables, comme des témoins gênans et importuns de la dépravation publique, qui ne sont bons qu'à opérer une contre-révolution dans les mauvaises mœurs, dans le goût décidé du siècle pour l'anarchie, et dans l'impiété, qu'on aime de passion. Voilà pourquoi vous resterez en butte aux clameurs, à l'injure, aux attaques de la mal-

veillance et aux soulèvemens de l'esprit irré-
ligieux.

Pour vous prouver combien il est à craindre que les efforts de votre zèle ne produisent
jamais de fruits sur l'ingrat terrain de la capitale, je vais établir ce point jusqu'à l'évidence, par des calculs de statistique qui,
dans tous les cas, vous offriront des renseignemens précieux à recueillir.

Nous avons un infaillible moyen de fixer
les proportions de corruption et d'immoralité qui existent comparativement entre Paris
et les provinces; c'est d'examiner la quantité
d'ouvrages impies et de journaux révolutionnaires que la capitale dévore pour sa part, et
la quantité qui s'en écoule vers le reste du
royaume. Prenons pour exemple *le Constitutionnel* comme régulateur du mal en fait
d'irréligion et de politique. On sait, par l'administration du timbre, combien elle lui dé-
livre de feuilles pour l'impression, et par
l'administration des postes, combien elle en
expédie pour le dehors. Eh bien ! déduction
faite de ce qui est destiné pour les pays étrangers, la différence est de moitié; c'est-à-dire
que la moitié de la corruption du royaume, la
moitié de l'esprit révolutionnaire, la moitié

de l'irréligion et de la malveillance, la moitié
de la haine de l'autel et du trône, en un mot,
toutes les mauvaises moitiés de notre dégra-
dation sociale, se trouvent absorbées par la
seule consommation du grand *bourg-pourri*.
Les libéraux nous pardonneront cette expres-
sion ; elle vient du pays de M. Canning.

Et comme si ce résultat n'était pas assez
frappant, un autre moyen de contrôle vient
le constater par une double preuve. Les journaux royalistes ne sont presque plus connus
à Paris que de souvenir et de nom. J'en puis
citer un qui n'y compte pas dix abonnés, et
qui en a quatre mille dans les départemens.
Mais, à la vérité, celui-là est inflexible sur
les principes monarchiques et religieux (1).
Il en est un autre qui se publie à Lyon, et
que les amis de la saine littérature comme
ceux des saines doctrines mettent avec raison
au premier rang des journaux (2). Or, il est ré-
pandu et recherché dans les provinces comme
le Constitutionnel dans les boutiques de la
rue Saint-Denis. Mais il n'en pénètre pas cin-
quante feuilles en-deçà du cordon sanitaire de

(1) *Le Journal des Campagnes.*
(2) La *Gazette universelle de Lyon.*

la capitale. Enfin, le croirait on, si les états officiels de la grande poste ne venaient pas l'attester, depuis plus de quatre ans on remarque huit ou dix de ces petits journaux anarchiques auxquels le champ de la politique est fermé, qui ne réunissent pas ensemble quatre cents abonnés hors de l'enceinte du bourg pourri? Tout cela vit cependant! Et de quoi, je vous le demande, si ce n'est de ces grandes moitiés de corruption dont je viens de parler, et qui les dispensent de chercher fortune plus loin?

Je vous ai déjà dit, mes révérends Pères, que j'aime beaucoup les argumens de fait; et vous voyez que je vous en donne. Celui-là, je pense, doit vous convaincre que la peste de Paris laisse très-peu d'espérance de succès aux hommes religieux qui se présentent pour la guérir. Non seulement les malades qui en sont atteints ne veulent point des secours du Ciel, mais ils regardent comme ennemi quiconque parle de remédier au délire révolutionnaire qui les agite, ou de les troubler dans les délicieuses jouissances de l'impiété.

Croyez-moi donc, mes révérends Pères, tournez vos regards vers les autres parties du royaume; elles sont infiniment plus saines, plus susceptibles d'amélioration. Là, vous trouverez encore en assez grand nombre des oreilles disposées à vous écouter, des esprits capables de comprendre votre sainte mission et d'apprécier vos nobles travaux. Là, des milliers de pères de famille accepteront avec reconnaissance les leçons de respect et de soumission que vous apporterez à leurs enfans, les mœurs et les principes de sagesse dont vous irez fortifier le gouvernement domestique. Ne craignez point de rencontrer par-là ces esprits forts dont les journaux révolutionnaires ont fait des fanatiques d'anarchie et d'irréligion : ils ne sont plus dans leur pays natal; ils ont déserté les foyers paternels, pour apporter au siége de la corruption générale le tribut de leur corruption particulière. Au moins l'élite des hommes vicieux et déclassés ne s'y trouve plus. Elle a pris le chemin du désordre et des aventures; elle s'est rendue au quartier-général de l'immoralité. Il n'y a pas jusqu'à l'écolier indocile et séditieux, jusqu'au moindre apprenti des révolutions qui n'ait vidé sa province pour accourir dans la terre promise de l'indépendance politique et religieuse.

Ainsi, les principales résistances ont disparu de ce côté-là. Vos semences de paix et de charité chrétienne y trouveront un sol préparé à les recevoir. Vos précieux travaux seront secondés par ces fils de famille qui ont des vertus héréditaires à cultiver, des exemples de bien public à maintenir, des noms à conserver tels qu'ils les ont reçus, sans tache et sans reproches. Vous aurez pour auxiliaire cette foule de bons citoyens dont l'âme n'est point desséchée par l'impiété philosophique, qui n'ont perdu ni le goût de la vie calme, ni la tradition des mœurs heureuses, ni les antiques principes du culte religieux et monarchique, ni l'amour de la loi divine, ni le respect de l'autorité humaine.

J'unis donc ma voix à celle de vos ennemis, mes révérends Pères, pour vous engager aussi à vous éloigner. Oui, fuyez une terre si visiblement frappée de stérilité, où votre patience et votre courage continueraient en vain de s'exercer. Fuyez, vous dis-je, un foyer de contagion dont aucune parole de vie ne peut approcher sans troubler les joies de l'orgueil et soulever contre vous toutes les milices de l'impiété.

> *Fuge.... propinquant;*
> *Ardentes clypeos atque œra micantia cerno.*

CONSEIL X.

En quoi on pourrait appliquer à la résidence des gouvernemens, ce qu'on vient d'appliquer à celle des jésuites, et montrer que l'air des capitales n'est pas ce qu'il y a de meilleur pour les uns comme pour les autres.

Major a longinquo reverentia.

Oui, c'est une chose observée depuis long-temps, mes révérends Pères, que les objets du respect public ne veulent point être vus de trop près. Le proverbe qui dit que la familiarité engendre le mépris, est une sorte de traduction de la sentence latine : *Major a longinquo reverentia.* Nous autres Parisiens surtout, nous sommes des gens que la révolution a rendus très-familiers avec la royauté, et c'est évidemment dans le dessein d'*engendrer le mépris* à son égard, que nos écrivains révolutionnaires la traitent si familièrement. Aussi, remarquez bien que le premier soin de ses ennemis fut de l'attirer dans la capitale, comme dans une espèce de guet-à-pens où elle devait être plus promptement immolée, par la seule facilité qu'ils trouveraient à lui faire manquer de respect.

Et comment voudriez-vous qu'il en fût autrement dans un pays de régénération, où la philosophie a tout desséché, tout désenchanté ? Buonaparte a parlé le langage de son siècle, quand il a réduit le trône à *des planches recouvertes de velours*. Quoique déjà nous n'eussions plus besoin de son opinion là-dessus, nous l'avons pris au mot, cependant, pour nous en faire un moyen d'irrévérence de plus envers la majesté royale.

De nos jours donc, mes révérends Pères, tout se rabaisse, tout se rapetisse aux yeux de notre orgueil philosophique, parce qu'il ne veut rien souffrir de ce qui vient de plus haut que lui, et qu'en retirant à la royauté ce qu'elle tient du Ciel, il entreprend de la réduire à l'établissement commun des choses terrestres. Voilà pourquoi nous ne voulons plus voir que des couches de matière sur le front de l'autorité souveraine. Nous craignons que l'empreinte du sceau divin ne la protége trop, et contre nos séditieuses leçons, et contre nos pétitions armées, et contre nos admonitions révolutionnaires. Ce caractère sacré, nous l'ef-

façons de ses titres, pour nous mettre plus à
notre aise avec elle, pour faire tomber peu à
peu, de l'esprit de la multitude, l'idée d'une
supériorité désormais évaluée par des calculs
de force physique. Enfin, nous voulons que
le peuple s'accoutume à la voir familièrement,
à la manière de ces valets de chambre pour
lesquels, dit-on, il n'y a point de grands
hommes.

Sans contredit, les résidences qui conviennent le moins à la royauté, sont celles qui
réunissent le plus de dispositions à méconnaî-
tre son origine, son droit divin et les célestes
fonctions que le Maître des rois lui a délé-
guées. Or, l'irréligion et la matière brute dominent trop dans notre grand *bourg*, pour
qu'il soit facile d'y rétablir autant qu'ailleurs
le respect du culte monarchique et des traditions descendues d'en haut. Le niveau de l'é-
galité n'a point impunément passé sur le palais des Tuileries ; il reste quelque chose du
désenchantement qu'il y a produit. Pétion fut
roi, Roberspierre fut roi, le club des jacobins
fut roi ; tout le monde a été un peu roi dans
ce bienheureux Paris ; et c'est par cette raison,
sans doute, que l'idée de la vraie royauté a
tant de peine à s'y retrouver. On n'ose pas en-

core la renier tout à fait ; mais on ne consent à la saluer que sous son nom de *constitutionnelle*, pour faire voir que l'on continue de s'inscrire en faux contre le Ciel, dont elle tire son origine. Du reste, on ne se trompe point sur le triste résultat qu'on se promet, puisqu'il est malheureusement certain qu'en la dépouillant de sa mission divine, on ne lui laisse que sa partie matérielle, que ses *planches recouvertes de velours*.

Je soutiens donc, mes révérends Pères, que la même cause qui rend le séjour de Mont-Rouge si difficile pour des jésuites, rend aussi le séjour de Paris très-nuisible à la royauté. L'autorité humaine n'est jamais bien là où l'autorité divine est mal. Les idées qui repoussent l'autel ne supportent le trône que par contrainte et avec humeur. Il me suffit donc d'avoir prouvé que la licence des esprits, la corruption des mœurs et des principes dominent dans la capitale à un degré incomparable, pour qu'il soit établi, par-là même, que c'est le terrain le plus insalubre, le siége le plus mal choisi pour la monarchie.

Il y a mille raisons, mes révérends Pères, pour que nous, fiers Parisiens, nous soyons la portion des sujets du royaume la moins respectueuse envers la majesté royale. Nous sommes gâtés à l'excès, pour ne pas dire pervertis radicalement par l'orgueil philosophique, qui ne cesse de nous monter l'imagination sur notre mérite supérieur, sur notre foyer des lumières, sur nos riches conquêtes politiques, sur nos progrès journaliers vers la perfection. Il ne se lasse point de nous répéter, comme l'autre Satan du paradis terrestre, qu'il nous suffit d'ouvrir les yeux pour voir que nous sommes de la même pâte que les dieux. *Aperientur oculi vestri, et eritis sicut dii.* En un mot, nous avons un esprit d'analyse qui demande compte de tout; qui veut savoir d'où vient l'autorité; de quel droit elle est établie; de qui elle tient ses pouvoirs; ce qu'elle coûte, ce qu'elle vaut, et pourquoi l'on ne sait point travailler partout, comme dans certaines républiques, à se procurer des gouvernemens au rabais.

Il nous restait une tradition sacrée en faveur du pouvoir souverain : c'est celle qui le fait descendre de l'autorité patriarcale, et qui le saisit, pour ainsi dire, du droit particulier de tous les chefs de famille, pour en composer un droit commun, et former un gouvernement général de tous les gouvernemens domestiques. Mais voilà que ceux-ci malheureusement se trouvent attaqués, méconnus et livrés au mépris par les journaux révolutionnaires et par nos beaux-esprits de tribune. Lisez *le Constitutionnel*, lisez le *Journal des Débats* surtout, et vous verrez de quelle manière l'autorité primitive est livrée à l'insulte, au dédain et à la dérision dans la personne de ses dépositaires naturels, qui sont les vieillards. On leur déclare nettement que leur mission est finie; qu'on ne veut plus entendre parler des idées de leur temps, et qu'ils n'ont rien de mieux à faire que de recevoir de bonne grâce le congé qu'on leur signifie. Chose qu'on refuserait de croire, si on ne la rencontrait partout imprimée et redite de mille manières : on renforce pour eux la dureté de langage de ces trois *jouvenceaux* de la fable, qui raillent si amèrement un pauvre octogénaire; on leur montre la tombe prête à s'ouvrir pour les recevoir; on leur fait le calcul des derniers jours sur lesquels ils peuvent compter; on leur dit de quitter les soins d'une vie qui ne les regarde plus; qu'ils ne sont bons qu'à embarrasser la marche du siècle, et à gêner les progrès de la sagesse moderne. Avec une sorte de cruauté qui révolte, on leur fait l'énumération de la quantité de vieillards qui chaque année, qui chaque mois, qui chaque jour débarrassent la génération philosophique et de leurs sermons et de leur présence; on les compte avec une rigueur arithmétique, avec une inflexible précision, pour en présenter inhumainement la liste au petit nombre de ceux que la terrible faux n'a point encore moissonnés! Et comme si ces tables de la mort n'offraient pas une image assez complète et assez triste, on se plaît à leur montrer des successeurs *ardens et généreux*, qui sont là pour s'emparer des places prêtes à vaquer, et attendant impatiemment leur tour. Car, ajoute-t-on, les dernières heures de nos vieillards sont comptées; ils n'ont plus rien à voir au gouvernement des affaires de ce monde; c'est aux opinions de la jeunesse à dominer d'avance, parce que l'avenir lui appartient exclusivement, et que c'est à elle à préparer son lit comme elle l'entend.

Ce langage cynique et froidement inhumain, prend une teinte d'impudeur de plus, quand il s'applique à la Chambre des députés. On va jusqu'à lui demander de quoi elle se mêle d'oser porter ses pensées au-delà de son terme septennal; on ne sait de quelles expressions châtier ce ridicule, tant on en est scandalisé. Quelle impertinence, s'écrie-t-on, de songer encore à la vie, de parler d'avenir, de se regarder comme partie intéressée dans les évènemens des prochaines années, de se mettre en peine des élections de 1830 ! Se croit-elle donc éternelle ? et devrait-il être besoin de l'avertir qu'elle touche à sa fin ?

Passe encor de bâtir, mais planter à cet âge !

Vous vous trompez, sûrement, va-t-on nous dire ; il est impossible de prendre ce langage au pied de la lettre, et les écrivains révolutionnaires n'entendent sans doute annoncer par-là qu'une cessation de pouvoir, que la fin d'un règne d'idées et de système. Pardonnez-moi, pardonnez-moi ; je sais très-bien lire quand je veux. Ces messieurs ne parlent point du tout au figuré : cette raison ne leur paraîtrait pas assez insolente et assez cruelle pour la Chambre des députés ; celle qu'ils osent lui en donner en face et sans déguisement, c'est qu'elle est vieille au physique comme au moral, décrépite, usée jusqu'à la corde, et attendue très-prochainement dans la tombe ! ! !

Non, réellement, on ne conçoit rien de pareil, mes révérends Pères. Il a fallu arriver à cette époque de démence et de fureur politique, pour imaginer un genre de dévergondage aussi grossier et aussi brutal. Quelle idée nous sommes forcés de prendre, grand Dieu, de cette *superbe et généreuse* jeunesse qui n'attend plus, dit-on, que la mort de quelques vieillards pour se mettre en possession de l'avenir, pour nous faire de nouvelles destinées ! En vérité, je ne saurais dire lesquels il faut plaindre davantage, ou de ceux à qui l'on annonce que l'heure dernière est prête à sonner, ou de ceux qui sont réservés pour de si beaux jours.

Chez tous les peuples de l'antiquité, la vieillesse fut honorée d'un culte public; on n'osait rien entreprendre que par ses conseils et avec sa sanction. Dans d'autres temps, et sous l'empire des idées religieuses, on aurait cru mal vivre et mal mourir sans ses bénédictions. La révolution elle-même se donna un Conseil des *anciens;* Buonaparte voulut avoir un *Sénat.* Dans la plupart des tribus sauvages, on se tient debout devant les vieillards : d'un geste, ils imposent silence; on n'écoute que leur voix, on ne reconnaît que leur autorité. Il paraît que nos écrivains et nos orateurs révolutionnaires ne demandent pas mieux que de nous faire des mœurs sauvages ; mais à condition apparemment que le respect dû à la vieillesse en sera retiré, et que nous ressemblerons à ces peuplades indiennes qui se débarrassent d'elle en l'exposant sur des rivages déserts.

La preuve que, de nos jours, on ne veut établir le règne de la jeunesse que dans de mauvaises intentions, c'est que ce n'est point elle qu'on choisit ordinairement pour diriger les intérêts qu'on désire de voir bien tourner. Quand un homme a un procès où sa fortune est engagée, il lui faut un vieil avocat. Lorsqu'on est malade, on demande un vieux médecin. En toute occasion, quand on cherche de bons conseils, c'est aux vieillards qu'on a soin de s'adresser. Par quelle singulière exception arrive-t-il donc aujourd'hui que la jeunesse se trouve appelée par tant de voix au gouvernail des affaires publiques, et qu'on veuille en faire une espèce de sénat dirigeant ? A quel dessein nous vient-on reparler d'une proposition déjà ancienne, qui avait pour but de faire abréger de cinq ans l'âge où les députés sont éligibles ? c'est qu'apparemment on

vise à un ordre de choses où le beau rôle serait
réservé à la fougue des idées et de l'inexpé-
rience ; c'est qu'on travaille tant qu'on peut à
étouffer le germe monarchique renfermé dans
l'autorité première de la famille, dans le droit
d'âge nommé autrefois *patriarcal.* Il s'agit
donc ici de la dignité royale, méconnue et
attaquée dans sa seconde source par des doctrines détournées, qui ont toutes pour objet
de la réduire au matériel de la puissance.
Mais, par bonheur, le mal se borne là-dessus
à l'influence d'une localité particulière, qui
demeurera sans effet pour la royauté, quand
il lui plaira de se tenir hors de la portée de
nos esprits forts et des regards superbes de la
capitale.

Sûrement, si vous étiez conseillers de la
couronne, j'aurais bien d'autres considérations graves à vous présenter sur une question
aussi féconde en aperçus politiques. Mais je
dois la réduire ici au seul point qui me paraisse de votre compétence ; lequel consiste,
mes révérends Pères, à vous conseiller d'user
de toute votre influence morale et religieuse
pour combattre l'effet des leçons révolutionnaires, qui tendent à effacer du front de la
majesté royale l'empreinte du sceau divin qui

la consacre. Depuis qu'on ne voit plus que dés opérations humaines, des intérêts et de la matière partout, l'ordre social n'est point dans une progression ascendante, comme le disent les journaux de l'anarchie; il est en décadence, en confusion, en état de dissolution et de grand danger. Le rétablissement de la religion nous sauverait de là; il est vrai; mais vous savez qu'on a peur du rétablissement de ses ministres, et que nous voulons absolument qu'on nous trouve des moyens de guérir sans remèdes et sans médecins.

CONSEIL XI.

On prouve aux révérends Pères que s'ils ne prennent point le parti qu'on leur indique dans le neuvième Conseil, ils n'ont rien de mieux à faire que d'établir un collége dans la capitale.

Je ne me lasse point, mes révérends Pères, de citer les bonnes remarques de la sagesse ancienne. Il paraît que, du temps d'Horace, on connaissait déjà tout aussi bien que nous la valeur des argumens de fait; car il trouvait que les choses qui frappent les yeux étaient plus propres à faire impression que celles qui ne frappent que les oreilles. C'est ce que j'ai déjà observé en parlant des bons effets d'une illumination séditieuse :

Segnius irritant animos demissa per aures.

C'est donc parce que je suis tout à fait de son avis là-dessus, mes révérends Pères, que je voudrais voir sortir vos lumières et vos vertus de dessous le manteau qui les enve-

loppe. Je sais que notre pudeur révolutionnaire les y tient un peu à la gêne, et qu'elle
s'oppose de toute sa force à ce que nos yeux
puissent jouir de certains points de comparaison qui en résulteraient. Mais ce n'est qu'un
motif de plus pour faire désirer aux honnêtes
gens que le grand jour vienne éclairer les
œuvres de votre science et de votre sagesse.

En supposant que l'angélique résignation
de vos âmes continue de vous faire supporter
les dégoûts dont l'irréligion révolutionnaire
vous abreuve, voici, je pense, un des plus
sages partis que vous ayez à prendre : c'est de
nous montrer un de vos colléges à côté de ces
grandes écoles de la capitale où la discipline
ne se maintient un peu que par l'intervention
de l'épée et du mousquet. La circonstance est
favorable; il semble que l'ennemi, dans les
égaremens de son fanatisme, dans sa fac-
tieuse impatience, ait entrepris d'élever lui-
même le piédestal sur lequel il travaille à
vous porter sans le vouloir. Un collége donc,
mes révérends Pères; un collége qu'on ait
sous les yeux pour lui comparer les élèves
de l'école philosophique. Rien ne va mieux
au fait; rien ne dégage mieux une question
de ses difficultés. Ce sont là de ces choses qui

parlent à l'esprit, qui imposent silence à la calomnie, qui répondent le plus victorieusement, enfin, et aux stupides vociférations de la multitude, et aux *mémoires à consulter* contre Dieu et son Église, et aux apocryphes recueils de diffamation.

En cela, ne soyez point retenus par la considération des mœurs de Paris, dont mes pages précédentes vous ont offert le tableau. Quoique la voix et l'influence des gens de bien y soient plus étouffées que dans la province, leur raison et leurs vertus y dominent encore assez pour opposer une certaine résistance à l'invasion du vice et de la corruption. Il se rencontre nécessairement parmi eux un nombre considérable de pères de famille qui ne veulent point que leurs enfans reviennent au foyer domestique, pervertis par l'esprit révolutionnaire, honteusement chassés de l'enseignement public, et quelquefois estropiés dans les séditieux combats de l'anarchie. Ceux-là vous aideront de tout leur cœur et de tout leur pouvoir, à rouvrir ces écoles de mœurs hors desquelles on ne découvre qu'un avenir obscur pour la jeunesse, qu'un ciel chargé d'orages, que des chances de vie pleines de signes funestes et bien propres, assurément, à éveiller toutes les alarmes paternelles. Les traits de la calomnie tomberont d'eux-mêmes des blessures qu'elle vous a faites. Non seulement la considération générale vous sera rendue, mais la reconnaissance publique bénira votre nom et vos bienfaits, aussitôt qu'on sera forcé de voir l'ouvrage de vos mains, les fruits de vos travaux, le succès de votre parole et la dignité de caractère des hommes de bien qu'on a si long-temps méconnus.

Oui, mes révérends Pères, je vous le prédis; tous les suffrages religieux et monarchiques se réuniront pour vous soutenir; et, chose plus glorieuse encore, la voix de vos ennemis eux-mêmes retentira bientôt en votre faveur. Car ceux-ci ne sont déjà pas trop éloignés d'agir comme ces maîtres de la religion de Calvin, qui ne veulent confier leurs clefs qu'à des domestiques de la religion du pape. Je ne sais si je me trompe; mais dans le nombre des premiers enfans dont la direction vous sera offerte, je crois découvrir d'avance ceux de cet avocat célèbre qu'une première vue intérieure de votre maison de Saint-Acheul a gagné tout à coup à l'enseignement des jésuites. En vain a-t-il essayé depuis de nous donner à entendre qu'il n'aime pas le bien qui s'opère sans patente ; il est aisé de voir que c'est un avocat qui parle ainsi pour ne point perdre l'habitude de sacrifier le fond à la forme. Si vous disposiez seulement de deux cents voix électorales, vous verriez, mes révérends Pères, vous verriez. Mais le vent des élections vous est peu favorable pour le moment ; et l'on est encore obligé de vous renier, pour faire sa paix avec les esprits révolutionnaires qui peuvent s'y rencontrer. Le fait est qu'on est bien embarrassé : on voudrait vous donner ses enfans à élever pour profiter des bons principes, et l'on voudrait ne vous les point donner pour conserver l'avantage des mauvais. De sorte que ceux qui vous connaissent sont dans un état de fausse honte qui les rend fort ridicules. Ils osent à peine prononcer votre nom devant ceux qui ne vous connaissent pas. Mais au fond, ils sont obligés de se faire violence pour cacher l'estime et le respect qui cherchent à sortir de leur pensée. Vous les délivrerez de cette gêne quand vous voudrez, en établissant dans la capitale un collége qui les dispensera de se compromettre par l'aveu de votre mérite et de la supériorité morale qu'ils vous reconnaissent.

C'est là, je vous le répète, le moyen le plus sûr de nous ôter la cataracte ; de faire honte à la multitude de son ignorance et de sa brutale niaiserie ; de mettre dans tout son jour la perversité de nos écrivains révolutionnaires ; de faire tomber nos grandes écoles d'anarchie et de sédition. C'est en voyant les fruits de votre enseignement qu'on sentira combien M. de Chateaubriand a eu raison de dire que la jeunesse des deux autres siècles se croyait dans une illustre académie, quand le commerce du monde la réunissait autour de quelques jésuites. En un mot, il n'y a rien de mieux pour détremper les têtes d'acier dans lesquelles on est parvenu à fixer tant de sottise et de fables absurdes. J'ai toujours ouï dire qu'à la guerre, il faut s'attacher à faire exactement ce que l'ennemi redoute le plus. Or, à coup sûr, *le Constitutionnel* et ses frères en discorde ne craignent rien tant que de voir renaître le goût de l'ordre et la discipline des études. Partez de là pour les réduire au désespoir, sans vous inquiéter de leurs menaces ; songez bien que la masse de niaiserie et de crédulité dont ils disposent, ne résistera point à l'évidence des faits : car, après tout, le principal obstacle qui vous sépare de la génération actuelle, vient de ce qu'on l'empêche de faire connaissance avec des mœurs aussi douces, avec des vertus aussi pures et des caractères aussi nobles que les vôtres. Faites donc les premiers pas, et nous verrons tout à coup les passions aveugles se détacher de votre nom pour faire place au respect et aux hommages.

Je sais quel est le peuple; on le change en un jour;
Il prodigue aisément sa haine et son amour (1).

Il n'aura pas comparé long-temps les élèves de l'ordre et de l'obéissance aux élèves des journaux révolutionnaires et de l'esprit d'insurrection, que les vôtres enlèveront son estime, et lui parleront en votre faveur. Alors, mes révérends Pères, au lieu de vous voir poursuivis par le cri grossier de la licence, voici les bourdonnemens qui se feront entendre à vos oreilles :

« Voyez-vous, dira-t-on, ce vieillard qui passe avec un maintien si modeste et un visage si calme? c'est un savant et laborieux

----

(1) Volt., *Mort de César.*

professeur dont les manuscrits enrichiront bientôt l'histoire primitive des peuples. Il n'y a pas un livre rare, pas un dépôt de science, pas un monument de l'antiquité qui aient échappé à ses recherches.

« Reconnaissez-vous cet autre Père dont le front est si serein, le regard si noble et la démarche si grave? c'est ce grand orateur chrétien qui prêche comme Bourdaloue, et mieux que le Père Beauregard. On se plaint de ce que les dissipations du monde dispersent le troupeau des fidèles; mais, avec lui, on ne s'en aperçoit nullement; et si sa voix n'en réunit pas un plus grand nombre, c'est la faute des églises, qui sont dix fois trop petites.

« Remarquez encore celui-ci, que tous les pauvres saluent sur son passage : il dépense plus de temps et d'argent pour eux que pour lui-même; sa porte leur est ouverte à chaque heure du jour; il leur sert à la fois de protecteur, de confident et de secrétaire; c'est lui qui place leurs enfans après avoir commencé par les faire instruire; il les connaît tous par chacune de leurs misères et de leurs nécessités.

« Savez-vous, demandera-t-on enfin, savez-vous le nom de ce jésuite sexagénaire qui a

les formes si polies et le sourire si spirituel?
on dit qu'il possède au suprême degré le talent
de gagner les esprits et les cœurs par la seule
influence de son caractère. La parole de l'in-
dulgence, la grâce exquise de son langage,
l'habitude des mœurs douces de la religion
lui sont si naturelles, qu'il n'a pas un effort à
faire pour être en même temps le modèle des
gens bien élevés et des hommes vertueux. »

Oui, tel est, mes révérends Pères, le changement prochain que je découvre dans votre
existence. Il arrive d'autant plus vite, que
c'est l'ennemi qui se charge de nous en faire
sentir le besoin, et que, par la perversité des
pensées révolutionnaires, votre école se trouve
comme appelée invinciblement au secours de
la religion et de l'ordre social. »

CONSEIL XII

Raisons pour engager les jésuites à faire l'acquisition
de quelque journal révolutionnaire.

ASSURÉMENT, vous êtes très-puissans, mes révérends Pères; trop de monde le dit pour que le fait ne soit pas certain. Vous savez, du reste, que je suis du nombre des bons croyans qui ne doutent nullement de votre pouvoir absolu. Cependant, je ne sais point flatter, il vous manque quelque chose; et vous avez trop de bon sens pour ne pas vous en apercevoir vous-mêmes. Ce qui vous manque, c'est un journal révolutionnaire, comme qui dirait *le Constitutionnel*. Vous devez remarquer en effet que, sur bien des points, il est encore plus maître que vous de régler le mouvement du monde, et qu'il rivalise pour le moins d'influence avec les plus hauts pouvoirs de l'ordre social. Aussi, je ne m'étonne point que les quatre principaux rédacteurs de cette feuille, qui se remplacent successivement par trimestres, au gouvernail de la révolution, soient convenus de se donner entre eux le nom de *dictateurs;* car c'est ainsi qu'on désigne celui qui tient le sceptre pendant son quartier. Tant il est vrai qu'il y a des temps où le besoin de dictature se trouve naturellement indiqué par la force des choses, et où le nerf de l'autorité n'est de trop nulle part, à commencer par le petit gouvernement du *Constitutionnel.* Je me laisse d'autant plus volontiers entraîner dans cette digression, mes révérends Pères, qu'elle vous débarrasse désormais de l'éternel reproche qu'on vous fait d'avoir un *général.* Répondez tout simplement que *le Constitutionnel* a bien un *dictateur.*

Mais que telle soit, ou non, la source de sa puissance, toujours est-il que vous n'avez rien de mieux à faire que d'en fortifier la vôtre, si vous avez réellement entrepris d'exercer une domination absolue. Ai-je besoin de vous dire les secours qu'il est en état de vous apporter, les opinions qu'il peut établir, les conquêtes qu'il peut entreprendre, les entraînemens qu'il peut produire? Encore faut-il observer qu'il n'use pas, à beaucoup près, de tout son empire; et que, s'il était moins honnête, il y a long-temps qu'il ne serait

plus question du peu de repos dont les gens
de bien jouissent encore à leur grande surprise. Car, n'en doutez pas, celui qui n'a
qu'un mot d'ordre à donner pour mettre en
mouvement trois cent mille âmes bouillantes
d'anarchie, sur le pavé de la capitale, n'aurait presque aucun effort à faire pour tourner
ces grandes masses contre les dépositaires de
l'autorité civile et religieuse, ou contre les
diverses classes de citoyens qu'il leur dési-
gnerait. Le souvenir de Marat et du Père Du-
chêne est encore assez vivant pour en faire
foi. Si donc la multitude dont il dirige les
passions, se contente de crier *à bas*, au lieu
de crier *tue*, c'est à lui que nous en sommes
redevables ; si, dans les illuminations qu'il
règle à sa volonté, il ne se mêle que des fusils
et des pistolets chargés à poudre, au lieu de
mousquets chargés à balles, c'est encore à
lui que nous en avons l'obligation ; si, au
lieu d'ordonner des levées d'impôts, il se
borne à ouvrir des souscriptions séditieuses
d'un million, c'est uniquement, de sa part, esprit de retenue et de modération. Il est évident que, dans tout cela, il n'emploie qu'une
partie de sa force, et qu'il s'abstient de vouloir ce qu'il pourrait. Il n'y a plus en effet, de

nos jours, que lui et le Grand-Turc qui aient
le droit de dire comme Jules César :

Vous qui ne respirez qu'autant que mon courroux,
Retenu trop long-temps, s'est arrêté sur vous !

Oui, mes révérends Pères, tel est son as-
cendant sur les esprits révolutionnaires, qu'il
ne tiendrait certainement qu'à lui de vous attirer des voies de fait, et de soulever des
tempêtes dont vous ne relèveriez jamais. Il
n'y a point d'exagération dans cette façon de
parler. Vous respirez, les honnêtes gens res-
pirent encore un peu, parce que *le Constitutionnel* le veut bien, parce qu'il y met de la
modération et de la conscience.

Peut-être ne partagez-vous point mon opinion sur l'excessive puissance de ce journal et
sur la quantité de forces qu'il vous amènerait.
S'il en est ainsi, vous avez tort; et non seulement dans votre intérêt, mais dans celui de
l'ordre social, je me crois obligé d'insister
là-dessus. Je vous déclare donc de nouveau,
parce que la chose est parfaitement à ma connaissance, qu'il règne de la manière la plus
absolue sur toutes les pauvres imaginations
qui se laissent toucher par sa baguette révolu-

tionnaire; qu'il en déloge le sens commun à son gré, pour y introduire ce que bon lui semble. Je vous défie tous, mes révérends Pères, d'imaginer un genre de folie, un point de crédulité absurde, une sottise quelconque qu'il ne puisse clouer sur le champ dans la tête de ses lecteurs. De même, on ne connaît pas une idée de bien public, pas un principe religieux ou monarchique qu'il n'en fasse sortir avec la même facilité. C'est à tel point, qu'un fait intéressant pour la religion ou la royauté serait vainement attesté par vingt mille témoins; lui seul contre tous, il le démentirait les yeux fermés. Mais en revanche, s'il s'agissait d'un signe de révolution ou d'impiété que personne n'aurait aperçu, de la résurrection d'un mort qui sortirait de dessous les rochers de Sainte-Hélène, il l'attesterait avec assurance, sans y aller voir; et sa parole en ferait un article de foi pour tous ses disciples. Au surplus, ce n'est nullement sous le rapport de ce qu'il peut faire dans ce genre, que je vous indique le lévier du *Constitutionnel* comme précieux pour affermir votre puissance; c'est sous le rapport de ce qu'il peut défaire.

Je devine, toutefois, mes révérends Pères,

une objection que vous allez m'opposer : vous craignez que toute son école ne soit composée que de sujets incapables de passer du mal au bien, comme il les a fait passer du bien au mal. Je crois que vous êtes dans l'erreur, au moins relativement à un certain nombre de braves gens dont la crédulité se trouve comme gagnée à leur insu. Précisément je suis en fonds depuis quelque temps, pour vous communiquer sur ce que j'avance, des particularités assez curieuses :

Outre les personnes dont j'ai déjà parlé, comme venant continuellement chez moi chercher de vos nouvelles, il en est d'autres, en assez grand nombre, qui s'y présentent, dans toute l'innocence de l'esprit et du cœur, pour me consulter sur les moyens d'obtenir votre protection auprès des ministres et de la Cour. Les uns se plaignent de vous avoir écrit lettres sur lettres, sans qu'aucun mot de réponse leur soit parvenu. Les autres se désolent de ne point entendre parler des pétitions qu'ils vous ont adressées pour les faire apostiller et présenter par vous à d'augustes personnages qu'ils vous désignent. Tous craignent d'avoir péché contre quelque formule d'usage, ou par ignorance de vos titres et qualités. Ils tirent de leurs poches des *du-plicata* sur lesquels je lis : *A Monseigneur le gouverneur-général des jésuites, à Mont-Rouge. — A Monseigneur le général des congrégations, à Mont-Rouge. — A Monseigneur le supérieur en chef des jésuites, à Mont-Rouge;* et toujours à Mont-Rouge; c'est la terre promise des pétitionnaires.

Je me souviens, entre autres, d'un ancien sous-préfet des villes anséatiques qui vous redemande dans la vieille France, l'équivalent de sa sous-préfecture; d'un ex-employé des haras qui sollicite auprès de vous une place de greffier de juge de paix; d'un officier des douanes impériales qui vous prie de le remettre en activité dans les douanes royales; d'un garde-chasse particulier qui désire passer dans les chasses royales de Fontainebleau; d'un marchand de chevaux qui vous demande, pour sa femme, un débit de tabac.

Comme de raison, mes révérends Pères, je commence avec ces braves gens par bien examiner s'ils ont l'esprit sain; et je vous assure qu'on n'y aperçoit rien de dérangé. J'arrive ensuite à leurs sentimens politiques, et je leur en trouve d'excellens. Après quoi je les interroge, les uns après les autres, pour

savoir d'eux qui leur a donné votre adresse?
tous me répondent que c'est *le Constitutionnel.* Qui leur a suggéré l'idée de vous demander des places dans la marine, dans les haras,
sur mer et sur terre? tous me répondent que
c'est *le Constitutionnel.* Qui leur a conseillé
de jeter les yeux sur vous plutôt que sur les
ministres, de chercher des emplois à Mont-
Rouge plutôt qu'à Paris? tous me répondent
que c'est *le Constitutionnel.* Qui, enfin, leur
a dit de venir me trouver, en désespoir de
cause, pour avoir des nouvelles de leurs lettres
et pétitions? tous me répondent encore que
c'est *le Constitutionnel.* Et cela me revient
par ricochet, à ce que je puis voir, parce
qu'il lui a plu de me dénoncer à son parti au
sujet de mes *Trois procès dans un,* et de faire
ainsi de moi, aux yeux des solliciteurs, une
sorte de puissance du second ordre. Si bien
que je m'attends à recevoir, au premier jour,
ma part de lettres et de placets sous le nom
de *Monseigneur l'avocat* ou *de Monseigneur
le conseiller des jésuites, à Mont-Rouge.* Mais
j'avertis *le Constitutionnel* d'une chose; c'est
que, si tous les paquets qu'il m'attire ne m'arrivent pas affranchis, c'est à lui que je les
renvoie pour en payer le port.

Certainement, je n'articule pas ici, mes révérends Pères, un seul mot dont vous ne deviez avoir la preuve entre les mains. On ne fait point de pareils *duplicata* d'écritures tout exprès pour venir me les montrer. Revoyez vos cartons de *lettres à répondre ;* et dites si j'exagère d'une syllabe les singuliers détails que je vous force de reconnaître. Je consens à recevoir un démenti formel pour la moindre inexactitude que vous y trouverez à reprendre. Mais c'est de quoi je n'ai pas peur ; j'ai lu de mes yeux ce que je raconte, et je l'ai peut-être lu plus attentivement que vous-mêmes, à cause que j'avais les *originaux* sous les yeux. Si je m'arrête un peu là-dessus, c'est que vous ne devez point être fâchés de savoir à quoi vous en tenir sur le personnel des inconnus qui vous poursuivent de leurs pétitions. Eh bien ! je vous atteste que ces pauvres gens sont de la meilleure foi du monde, et que *le Constitutionnel* aurait pitié de se moquer d'eux, s'il savait jusqu'à quel point ils y vont de confiance et de simplicité. Je suis sûr qu'il ne faudrait qu'un mot de sa part pour leur guérir l'imagination. Car il est aisé de voir que ce sont des esprits malades —en tout bien tout honneur, et où le bon sens ne demande qu'à rentrer aussi facilement qu'il en est sorti.

Je connais encore, mes révérends Pères, un autre exemple de fascination que vous pouvez également vérifier, et qui achèvera de vous convaincre de la puissance vraiment surnaturelle des journaux révolutionnaires. Il n'y a pas long-temps que le hasard me fit rencontrer, dans une maison de la rue des Quatre-Vents, chez un homme d'affaires de mes amis, une dame de Mont-Rouge qui venait le prier de lui aider à vendre sa maison. Je n'ai jamais vu d'imagination plus effarouchée, de tête de femme plus en désarroi. Elle s'était laissée persuader, sans en avoir absolument rien vu, que, sous les croisées de sa chambre à coucher, tout près du mur de son jardin, il existait une caserne proprement dite, où une légion de jeunes jésuites passait tout son temps à s'exercer au maniement des armes et aux manœuvres de l'artillerie légère. Un sourire sceptique m'ayant échappé en face de la dame, je me vis obligé de le soutenir par quelques observations qui auraient dû lui rouvrir la raison. Mais elle n'était nullement d'humeur à plaisanter là-dessus; et provisoirement elle désertait sa maison comme un

séjour désormais inhabitable. Mon ami voulut
en vain lui remettre un peu l'esprit. Elle le
renvoya sèchement au *Constitutionnel*, pour
lui prouver qu'elle prenait un sage parti.
Mais ce qui me fut bien prouvé, à moi, par
tous les aveux que la dispute fit jaillir de son
dépit, c'est que jamais ses propres yeux n'a-
vaient rien vu de ce qu'elle voyait par les
yeux des journaux révolutionnaires; et que
ceux-ci étaient parvenus à lui persuader très-
sérieusement qu'elle n'aimait plus sa jolie
maison de Mont-Rouge, ni les excellens
fruits de son jardin.

Or, voilà beaucoup plus de raisons qu'il
n'en faut, sans doute, mes révérends Pères,
pour vous décider à faire l'acquisition d'un
journal, au moyen duquel je vous promets
toutes sortes de succès et de prospérités.

CONSEIL XIII.

Raisons qu'on donne aux jésuites pour les engager à
éteindre le flambeau des lumières philosophiques
parmi les classes du peuple qui n'ont besoin que
du flambeau de la religion.

Jamais on n'a vu moins clair en France,
mes révérends Pères, que depuis qu'on y a mis
le flambeau des lumières à la mode, et qu'il
est allumé partout. Voulez-vous savoir pourquoi il nous éclaire si mal ? c'est qu'en même
temps on a éteint le flambeau de la religion,
qui éclairait à la fois et beaucoup mieux et
beaucoup plus de monde. Cela nous étant arrivé dans un violent accès d'orgueil et de folie, voici le résultat naturel qu'on devait en
attendre pour notre pauvre génération : on
avait commencé par courir à la nouvelle lumière en laissant mourir l'autre ; et comme
on n'a point trouvé ce qu'on cherchait, il ne
nous est resté, au bout du compte, que notre
orgueil et notre folie.

Cependant, nos entrepreneurs d'éclairage

n'ont point désespéré de leurs efforts. Ils sont toujours à l'œuvre, et nous, toujours dans l'attente de leurs promesses. Mais rien n'arrive, rien de bon, du moins, qui paraisse devoir jamais approcher des merveilles qu'on nous annonçait. Tant s'en faut : l'ignorance et la sottise nous gagnent de plus en plus, sans qu'on puisse deviner où elles s'arrêteront. En attendant, mes révérends Pères, voici exactement où nous en sommes :

Notre nation s'est laissée infatuer, par les écrivains révolutionnaires, de je ne sais quel système d'instruction qui doit donner à tout le monde la science des affaires publiques, la science de faire fortune, la science de planer à tire-d'ailes dans les hautes régions de l'ordre social. C'est un reste de la vieille souveraineté du peuple qui fermente dans les idées, une dernière illusion de ce rêve charmant dont on a bien de la peine à se détacher. Toujours est-il que, sur la foi de cette promesse, tous les esprits sont en travail pour apprendre à gouverner les États à telle fin que de raison. Écoutez les vieillards qui ne savent pas lire : ils vous disent très-sérieusement que leur fortune n'a tenu qu'à cela, et qu'un bon rudiment les aurait faits ministres, sénateurs, ma-

réchaux de France. Leurs petits-enfans, qui
les écoutent, partent de là pour rêver, pour
se mettre l'ambition au cœur et l'imagination
sur la voie des grands évènemens politiques
qui peuvent favoriser leur essor. *Le Consti-*
tutionnel achève de bouleverser toutes ces
pauvres têtes, en leur débitant ses oracles sur
la propagation des lumières et la *progression*
ascendante du genre humain, qu'il leur
donne très-volontiers, en échange de la progression ascendante des abonnemens que ce
métier lui procure. Et remarquez bien, mes
révérends Pères, que jamais vous n'entendez
citer pour exemples, ni un artisan modeste,
ni un cultivateur laborieux, ni un père de famille occupé du soin de son ménage et de ses
enfans. On ne se livre qu'aux grands calculs;
on ne s'arrange que pour les grandes choses.
Tout le monde veut monter. Il n'y a pas jusqu'aux femmes de la petite bourgeoisie, jusqu'aux filles des campagnards qui ne se croient
destinées à remplir quelques rôles supérieurs
sur le théâtre des lumières. Les ouvrages d'é-
conomie domestique leur sont généralement
inconnus. L'aiguille est dédaignée comme une
vieille occupation ridicule ; tout au plus con-
serve-t-on les traditions de la tapisserie, parce

que cela sent encore un peu les anciens châteaux. On ne parle plus que de maîtres de
musique et de dessin. Comme on ne sait pas
ce qui peut arriver, on commence par demander aux arts d'agrément la permission d'épouser des pairs de France et autres dignitaires ;
et l'on finit quelquefois par n'épouser personne ; car les belles chances n'arrivent pas
toujours aussi vîte que les rêves d'ambition et
les maîtres de musique.

Ainsi, mes révérends Pères, tout notre établissement social se monte peu à peu sur un
échafaudage d'instruction publique qui doit
nécessairement tromper beaucoup d'espérances et de calculs. C'est une espèce d'alchimie
pareille, dans son genre, à celle du siècle
dernier, et qui n'est bonne qu'à faire des dupes. Je ne vois, en effet, aucune différence
entre Cagliostro et *le Constitutionnel*. Le
premier voulait enseigner le secret de convertir la terre en or, et notre bonheur voulut qu'il
n'en fît rien ; car assurément il vaut mieux
qu'elle produise des grappes de raisin et du
blé que des lingots ; et nous serions fort at-
trapés si quelque grand opérateur venait à
changer en épis d'or, en pampres d'or et en
branches d'or, nos moissons, nos vignes et

nos forêts. De même, si les folies de nos songe-creux révolutionnaires venaient à produire la nouvelle pierre philosophale qu'on cherche pour la civilisation moderne, jugez dans quel embarras de richesses on se trouverait! Tout le monde voudrait monter au haut de l'échelle, et à coup-sûr elle se romprait. Une fois, d'ailleurs, que tous les esprits seraient chargés de science et rayonnans de lumière, qui se croirait obligé de payer tribut au *Constitutionnel* et à ses tristes confrères, pour les minces fournitures qu'on y va chercher? Au sein de cette égalité de partages, il n'y aurait donc plus réellement à remarquer, dans la foule des génies, que quelques esprits hors de ligne, tels que M. le comte de Montlosier, tels que M. l'abbé Marcet de la Roche-Arnaud, tels que les illustres descendans de *la Minerve,* tels que M. le conseiller Cottu. De bonne foi, est-ce la peine de réunir tout le royaume autour du foyer des lumières, pour arriver à ce résultat? Pour moi, j'aime mieux admirer ces huit ou neuf messieurs dès à présent, que d'acheter la grosse part de science qu'on me demande pour ressembler à tout le monde.

Ce n'est pas, mes révérends Pères, que je

veuille me donner pour ennemi de l'instruction publique; à Dieu ne plaise! Et quoique je me sois vu, dans le temps, sur une certaine *liste des éteignoirs*, je vous assure pourtant que je ne cherche à éteindre que ce qui doit être éteint. Ainsi, par exemple, je trouve parfaitement bon que des jeunes gens aillent s'instruire, à Châlons ou ailleurs, dans des écoles d'arts et métiers; mais quand ils n'y apprennent qu'à casser des bancs sur la tête de leurs maîtres, et qu'ils y sont moins occupés de l'étude de la mécanique que des leçons séditieuses des journaux révolutionnaires, je prétends que cette dernière partie de leur instruction devrait être supprimée pour leur bien comme pour le nôtre. Je conviens, de même, qu'il est fort permis de chercher la science dans les écoles de droit et de médecine, ainsi que dans tous les colléges du royaume; mais lorsque je vois la politique s'y emparer des esprits, au point d'y amener l'insurrection et l'anarchie, je soutiens que cette portion de lumière est de trop, et qu'on pourrait fort bien la retirer sans nuire au bonheur ni à la gloire du grand siècle. Enfin, j'aime beaucoup les meuniers et les épiciers qui savent les principales règles de l'arithmétique; mais

je n'aime ni les professeurs d'équitation de
leurs fils, ni les maîtres de musique de leurs
filles, ni leurs collections de journaux révolutionnaires.

Tout cela dénote une fort mauvaise propagation de lumière, et un genre de progrès
dont il est difficile d'attendre du bien. Ou,
pour mieux dire, ce sont les signes d'un grand
dérangement dans les idées d'ordre; c'est une
sorte d'engorgement d'ambition qui demande
à se faire jour, et qu'on ne peut voir cesser,
en effet, que par l'ébranlement de toutes les
positions établies : car il est certain qu'on ne
va plus guère à l'école que pour s'y remplir
l'imagination d'espérances hardies et de prétentions superbes. Parce qu'on a vu l'ordre
social renversé une fois pour faire de la place
aux premiers venus, on cherche à se persuader que c'est une espèce de tribut que la France
doit désormais aux révolutions pour faire des
apanages et un sort aux gens qui n'en auront pas.

De là, mes révérends Pères, toute cette
fermentation, tout ce mouvement des esprits
que les beaux rêves agitent; de là, cette foule
d'âmes inquiètes qui se précipitent vers ce
qu'on appelle *le tribunal de l'opinion publique*, pour y chercher des paroles d'anar-

chie et le pain de l'ambition. Et comment toutes ces pauvres têtes ne seraient-elles pas tournées? comment les folles espérances n'y seraient-elles pas entretenues et fortifiées, lorsqu'on voit un grave conseiller de Cour royale quitter son siége à fleurs de lis pour se faire tribun du peuple, et enseigner sur les tréteaux du forum je ne sais quelles doctrines qui abattent de surprise et glacent d'effroi? »

Que dire désormais, en effet, aux honnêtes gens qui n'osent se rassurer complétement par la considération des inviolables droits de la légitimité? Ils vous répondront infailliblement que les brochures de M. Cottu ne leur laissent plus d'espoir à ce sujet, lorsqu'ils y lisent des passages comme celui-ci:

« Aucune croyance religieuse, aucun bien-
« fait incontestable n'ont gravé dans le cœur
« humain que telle forme de gouvernement
« soit préférable à toute autre. Tel peuple est
« heureux sous la monarchie, tel autre sous
« la république... Les différentes formes de
« gouvernement ne sont jamais que le produit
« de la force. »

Que dire à ceux qui ne se reposent point sur les neuf siècles de la race auguste qui nous gouverne, sur la longue hérédité de ses royales

vertus, et sur la bonté du sang paternel qui
se transmet de cœurs en cœurs, dans cette antique dynastie ? Ils ont malheureusement à
nous montrer cet ingrat arrêt de M. Cottu,
qui ferme la bouche à tous les consolateurs:
« Il vient un temps, pour les peuples, comme
« pour les individus, où l'imagination refroi-
« die détache elle-même les ornemens dont
« elle s'était plue à embellir l'objet de sa pré-
« férence, et où, le voyant à nu devant elle,
« elle cherche, sans pouvoir le retrouver, le
« charme qui l'avait autrefois séduite. Les af-
« fections s'affaiblissent et s'éteignent. »

Et comme si l'auteur eût craint que ce passage ne fût pas assez clair, il l'avait fait pré-
céder d'un petit préambule ainsi conçu : « Qui
« empêchera le peuple de croire qu'il serait
« plus libre et plus heureux encore sous une
« autre constitution politique ? qui l'empê-
« chera d'imaginer un gouvernement moins
« coûteux, une administration plus simple? »

Que répondre encore à ceux qui craignent
de nouveaux orages politiques dont la monarchie ne pourrait être sauvée ni par la Charte,
ni par la force publique, ni par l'énergie du
gouvernement ? Ils ont maintenant à s'appuyer
d'un écrit de M. Cottu, qu'on prendrait pour

une théorie de l'insurrection, et dans lequel on croit entendre, à chaque page, retentir le tocsin des révolutions. Tantôt il place son champ de bataille devant le trône de Louis XIV, pour avoir occasion de dire que, si quelque nouveau roi s'avisait de vouloir être maître comme celui-là, on lui apprendrait à mieux connaître son monde. «Car « peut-être, dit-il, l'énormité de l'attentat « embrasant tous les cœurs d'une généreuse « indignation, verrait-on la France entière « se soulever contre les usurpateurs de ses « droits, et, n'écoutant que son désespoir, « s'écrier avec fureur : *Si de sang et de morts* « *le Ciel est affamé......* » (Pour le reste, *voyez* la colère d'Achille, dans *Iphigénie*.) Tantôt il s'établit au milieu des électeurs qui ne le sont point, et qu'il dit être nécessairement ennemis de ceux qui le sont; et là il s'écrie d'une voix sinistre : « Comment ne pas « voir qu'un jour viendra, jour inévitable, « inexorable, jour suprême et qui s'approche « avec une effroyable rapidité, où ces élec- « teurs, affranchis de l'influence du gouverne- « ment, parviendront à composer une Cham- « bre *suivant leur cœur?* »

Enfin, pour sortir bien vîte des funestes

présages de M. Cottu, hâtons-nous de nous
en débarrasser en gros : « Les heures s'écou-
« lent, dit-il ; la révolution s'approche ; en-
« core un jour, peut-être, et il ne sera plus
« temps d'arrêter sa marche. Est-on donc si
« sûr de la victoire ?.... Il est possible, sans
« doute, que la couronne obtienne quelques
« succès passagers, et parvienne à établir son
« autorité absolue sur les débris sanglans des
« libertés publiques ; mais aussi elle peut
« éprouver d'irréparables revers, et peut même
« être brisée sans retour. »

Or, il faut convenir que, pour les entrepreneurs de révolutions, voilà qui est bon à
savoir. Assurément, d'après cela, ils ne doivent plus désespérer de rien : s'ils ne profitent
point de l'avis, qu'ils ne viennent pas dire
que c'est la faute de M. le conseiller Cottu.

Terminons par une citation qui est le vrai
bouquet de la brochure : « Que le clergé s'em-
« pare encore de la moitié des biens de la
« France ; qu'il soumette l'autre moitié à la
« dîme.....; que le fisc nous soumette de nou-
« veau à toute sa rapacité ; que la corvée, la
« banqueroute, les lettres de cachet et les ju-
« gemens par commission redeviennent notre
« partage ; qu'avons-nous à nous plaindre, et

« que n'aurons-nous pas mérité ? Tout n'est-il
« pas juste et légitime *envers le lâche qui*
« *souffre un maître,* et qui préfère la vie à
« l'honneur et à la liberté ? »

Pour le coup, vous voilà mis à l'aise,
vous tous qui avez des entreprises révolutionnaires à former. Non seulement vous êtes autorisés par M. Cottu à secouer le joug de l'autorité, si vous le trouvez pesant ; mais, sous
peine de vous entendre déclarer *lâches,* il
vous est défendu de souffrir un maître ! Ces
encouragemens ne vous suffisent-ils pas ? songez qu'il est conseiller à la Cour royale de Paris, et que si vous veniez à échouer dans la voie
qu'il vous marque, il aurait mauvaise grâce à
vous refuser les parts d'absolution dont il dis-
pose. Le voilà forcé de vous couvrir de sa robe
de juge. Allez ; présentez-vous avec confiance
devant son tribunal ; dispensez-vous de chercher des avocats pour vour défendre ; munis-
sez-vous seulement de sa brochure.

Et vous, messieurs les écrivains de l'anarchie, ne vous donnez plus la peine d'examiner
ce que vous aurez à nous dire. Parlez ouvertement comme vous pensez, sans gêne et sans
déguisement. Il n'y a plus de Pyrénées pour
la licence. Voici un grave magistrat, un savant

interprète des lois, qui sait bien jusqu'où les choses peuvent aller, sans doute. Eh bien, c'est lui qui se charge de vous élargir le cercle. Vous nous dites souvent que les journaux révolutionnaires sont devenus des soupiraux indispensables pour laisser échapper la colère publique. Prenez pour modèle le soupirail de M. Cottu. Il est large, et je crois qu'il y a peu de flots de colère qui n'y puissent passer. Espérons qu'il vous suffira, en attendant que la Chambre des députés *républicains* qui vous est promise par M. le conseiller, vienne calmer votre irritation, et qu'il n'y ait plus rien à faire sortir par vos soupiraux contre la religion et la monarchie.

Qu'on ne me demande point cependant ce que nous veut l'écrit de M. Cottu. Je n'en sais rien ; et, selon toute apparence, l'auteur n'en sait rien non plus. Tout ce qu'on peut entrevoir, c'est qu'il s'agirait d'une création de tribuns du peuple taillés sur le modèle de ceux de l'ancienne Rome ; espèce de médecins qui achèveraient de nous guérir de la royauté. C'était aussi ce que disait Babœuf.

Mais ce n'est là, du reste, qu'un petit flot de plus ajouté au torrent de folie qui traverse notre siècle des lumières. De tous côtés nous sommes assaillis par les pensées d'anarchie et d'ambition qui fermentent dans les esprits. La science du mal n'est point impunément devenue populaire. Tout le monde est impatient d'en recueillir le fruit. Quoique la révolution ne soit plus qu'une espèce de tonneau des Danaïdes, où les espérances ne font qu'entrer et sortir, la foule cependant reste à la queue comme pour attendre son tour dans les nouvelles distributions de dépouilles qu'on lui demande toujours.

Que d'agitation, que de malaise, que de déceptions on s'épargnerait, mes révérends Pères, si l'on voulait consentir à mettre les idées religieuses à la place des idées révolutionnaires! Car il faut convenir que, dans les unes, tout est bien autrement classé que dans les autres.

La religion ne sait faire que des promesses conformes à l'ordre et à la justice. Elle ne séduit point les esprits aux dépers de la tranquillité publique et du bien commun. Loin d'alimenter les folles ambitions, elle les modère et les plie aux diverses conditions d'inégalité que la Providence distribue sur la terre. En un mot, c'est elle qui, pour ne point nous tromper par de vaines illusions, nous apprend qu'il n'y a de vraie loi agraire que dans l'autre monde.

Quelle différence donc entre le flambeau des lumières de la philosophie et celui des lumières de la religion! C'est avec le premier qu'on nous a égarés dans les dangereuses voies du désordre et de l'impiété; avec l'autre, nous pourrions facilement retrouver notre route. Mais qui le rallumera?... Persévérez toujours, mes révérends Pères, comme si la chose était possible. Car le moyen de tout perdre est de faire comme la plupart des honnêtes gens, qui désespèrent de tout.

CONSEIL XIV.

Ce qui fait désirer que les révérends Pères avisent à quelque moyen d'empêcher la liberté de la presse d'achever ce qu'elle a commencé.

Sero medicina paratur
Cum mala per longas invaluere moras.

LA liberté de la presse, mes révérends Pères, est une des choses sur lesquelles j'ai le plus entendu disputer. Cependant, je le confesse à ma honte; de tout ce qui s'est dit de sublime dans cette controverse, je n'ai pas retenu la valeur de deux phrases. Mon indifférence là-dessus vient apparemment de ce que la puissance des mots n'est rien, à mes yeux, en comparaison de la puissance des faits. Aussi, je trouve que la logique aurait bien tort de dépenser tant de lumière si elle n'avait à éclairer que de pauvres esprits comme le mien, qui attendent toujours les décisions de l'expérience pour se prononcer sur le beau idéal des théories. C'est probablement ce qui fait que j'aime tant ce bon philosophe-pratique devant lequel on disputait sur l'existence du mouvement, et qui terminait le débat en se mettant à marcher. Il est certain que cette manière de recourir au fait tranche bien mieux les difficultés que tout ce qu'on peut dire.

On assure que la liberté de la presse est fondée sur des titres excellens, sur de très-beaux principes. Je ne dis pas que non; mais j'aimerais autant la savoir fondée sur de bons effets, sur des résultats satisfaisans. Car je ne suis point, Dieu merci, du nombre de ces malades qui consentent plus volontiers à mourir selon certaines lois de la médecine, qu'à se laisser guérir dans des formes inusitées. Qu'on me guérisse, moi, comme on voudra; et dussent les médecins violer pour cela toutes les règles de l'art, je déclare d'avance que je leur pardonne. Il en est de même du point dont il s'agit : tout grand admirateur que je suis des belles doctrines, je veux d'abord qu'elles soient bonnes; et pour en juger, c'est toujours au fait que je les attends.

Je m'embarrasse donc fort peu des sublimes raisons qu'on allègue en faveur de la liberté de la presse; je ne sais point l'apprécier autrement que par les fruits qu'elle porte. S'ils sont bons, je fais grand cas de l'arbre; s'ils sont reconnus mauvais et dangereux, je le verrais couper et jeter au feu sans m'y opposer. Ce langage paraîtra bien barbare à ceux qui soutiennent que tout doit périr plutôt qu'un principe, et ils vont s'écrier, comme dans les *Femmes savantes :*

Mon Dieu ! que votre esprit est d'un étage bas!

Mais je n'y saurais que faire. J'ai vu la révolution tuer l'ordre social avec de si belles maximes de droit naturel, que je suis devenu là-dessus d'une méfiance à ne plus rien croire sur parole.

Et d'ailleurs, vous allez juger si je suis excusable de raisonner autrement que tant d'autres sur la liberté de la presse. J'ai passé la moitié de ma vie avec ces mêmes journalistes que vous voyez aujourd'hui les yeux en feu et le poing fermé, au moindre mot qui leur paraît menacer les priviléges de la licence. Eh bien, je les ai toujours entendus professer hautement qu'il n'y a ni république, ni royaume, ni gouvernemens civils, ni gouvernemens militaires qui soient en état de braver l'influence d'un journal auquel on permettrait de diriger l'opinion publique à son gré, seulement pendant six mois. En retranchant de cette assertion tout ce qu'elle peut renfermer de jactance, il faut bien qu'elle ait un certain fondement, puisque la voilà presque réalisée par nos journaux révolutionnaires, malgré un épais recueil de lois comminatoires qui ne paraissent pas encore tout à fait abandonnées.

Ainsi, pour le moins, nous supportons l'inconvénient de vivre sous une direction de journaux qui a la prétention d'être un pouvoir supérieur à la puissance légitime; et dont les œuvres habituelles doivent naturellement se ressentir de cette orgueilleuse pensée. Remarquez bien, en effet, que les écrivains révolutionnaires s'expriment comme des gens qui sentent leur force. A tout propos, ne les entendez-vous pas opposer l'invention de l'imprimerie à ce qu'on essaie d'alléguer en faveur du rétablissement de la morale et de l'ordre social? Si vous parlez de faire revivre des doctrines religieuses ou monarchiques, sur le champ vous les voyez courir à leur grosse pièce d'artillerie. Ils vous disent nettement que l'imprimerie est là pour faire raison aux peuples modernes des prétentions de l'autel et du trône; que le temps n'est plus où l'on pouvait les gouverner comme de bonnes gens, au nom du Ciel et du droit divin ; qu'ils savent maintenant à quoi s'en tenir ; et que, tant qu'il y aura des caractères mobiles dans les cases de Guttemberg, il n'appartiendra plus qu'à eux de régler la morale, les institutions divines et humaines, la marche du siècle, et le sort des princes comme celui des nations (1).

Les aveux de l'ennemi sont là : il nous dit hautement de quoi il se réjouit, sur quoi il compte pour le triomphe de l'anarchie et de l'impiété. Il déclare que la lumière est faite ; que c'est l'imprimerie qui est maintenant en possession de gouverner le monde, sans que rien lui puisse résister ; que l'émancipation

---

(1) Un de ces petits journaux révolutionnaires auxquels il est défendu de faire de la politique, et qui s'en dédommagent en faisant de l'anarchie, s'amusait dernièrement à évaluer ce qu'on pourrait couler de pièces de canon avec les caractères que réunissent les diverses imprimeries de la capitale. Mme de B***, dont on lit souvent dans les journaux des articles charmans signés d'un Y, se trouvait dans une maison où l'on relevait sévèrement cette séditieuse insinuation. « Eh mais, « dit-elle, vous avez tort ; il me semble qu'on devrait « avoir moins de peur de ces canons-là, sous leur nou- « velle forme que sous l'autre. »

générale des peuples est la conséquence pro-
chaine et inévitable du droit de fraterniser
continuellement avec eux par des communi-
cations séditieuses, et de les faire participer
à l'enseignement mutuel des révolutions. En
un mot, c'est lui qui, dans ses ravissemens de
joie et d'espérance, nous défie d'arrêter désormais le cours du torrent que la liberté de
la presse élargit tous les jours, après l'avoir
déjà creusé jusqu'à l'abîme. Or, assurément,
voilà un de ces faits qui en disent plus que
tous les argumens possibles. Si nous étions
sages, le secret qui échappe à nos adversaires
ne suffirait-il pas pour nous sauver ? Quoi !
ils nous montrent leur instrument de dommage; ils avouent que toutes leurs espérances
d'émancipation civile et religieuse, que tout
l'avenir des révolutions et de l'impiété, que
toutes les joies de leur enfer reposent sur la
licence; ils nous avertissent qu'elle les rend
maîtres de l'autel et du trône; ils le disent
hautement à qui veut les entendre; et nous,
mes révérends Pères, nous ne disons rien !....

Au surplus, quand ce trait de franchise ne
serait pas là pour servir d'arrêt contre la liberté de la presse, il me semble qu'assez d'autres faits se réunissent pour nous éclairer. Et,

en effet, pour emprunter ici les formes du langage de Buonaparte, à son retour d'E-gypte, qu'a-t-elle fait, cette liberté de la presse, qu'a-t-elle fait de la paix que la restauration nous avait rendue? qu'a-t-elle fait de nos transports de joie, de nos fêtes, de nos acclamations? qu'a-t-elle fait de notre esprit public, et des sentimens de loyauté dont la France entière se montrait si animée? qu'a-t-elle fait de notre culte pour la royauté, du retour de nos pensées vers la religion? enfin, qu'a-t-elle fait de nos espérances d'alors, de notre repos et des sévères leçons que la révolution nous avait données? Car on a beau discourir et se perdre dans la haute région des principes, au milieu des enchantemens de l'état anarchique, c'est toujours au positif qu'il en faut revenir. Où étions-nous, quand la liberté de la presse respectait la tranquillité publique? où sommes-nous, depuis qu'elle se mêle de nous faire un meilleur avenir? Si la question est posée autrement, on peut être sûr qu'elle le sera mal.

Ne soyons cependant pas trop rigides, mes révérends Pères; cherchons de bonne foi si notre malaise politique, si nos commotions révolutionnaires, si l'état de souffrance de la religion et de la monarchie ne se trouveraient pas rachetés de quelque manière par les avantages de la liberté de la presse. Dans le cas, par exemple, où elle aurait donné quelques leçons de morale, un peu élargi la sphère des connaissances humaines, secondé les progrès des études, ou seulement dégrossi les idées du peuple, ne serait-il pas juste de lui en tenir compte, et d'admettre les services qu'elle aurait à faire valoir en déduction de la somme de maux qu'elle fait peser sur l'ordre social? Examinons donc franchement et loyalement.

Nous avions des mœurs de faubourg telles quelles, des mœurs d'artisans, des mœurs villageoises : qu'a-t-elle fait du peu de vie que la révolution leur avait laissé? Elle l'a infecté de poisons, attaqué par tous les moyens que la perversité peut suggérer. Pour en finir une bonne fois, on l'a vue former à grands frais une entreprise générale de corruption et d'impiété, qui a ses bailleurs de fonds, ses courriers, ses facteurs, ses missionnaires; elle a recueilli l'essence de tous les mauvais livres qu'un siècle entier d'irréligion avait amassés, et forcé le petit peuple de recevoir partout gratuitement cette espèce d'inoculation. Ainsi, voilà d'abord un point qui ne permet assurément de rien retrancher ni déduire des méfaits politiques qui lui sont imputés.

Elle a ouvert des cabinets de lecture de tous côtés; elle en a même établi de portatifs, et des tentes sont dressées par elle en cent endroits pour les recevoir. Voyons ce qu'on y lit : des journaux révolutionnaires et des brochures séditieuses, puis des brochures séditieuses et des journaux révolutionnaires. C'est le rôti et le bouilli de tous les savans dont elle a entrepris de faire l'éducation en boutique. Rien donc encore à sa décharge de ce côté-là.

Elle a ouvert des écoles d'enseignement mutuel, qu'elle protége de toute son affection contre celles de l'enseignement chrétien. Voyons ce qu'on y fait : on y apprend à marcher en mesure, à défiler par *gauche, droite,* et à faire autour d'une grande table quelques évolutions d'infanterie de ligne. Le commandant de ces jeunes troupes cumule bien, il est vrai, les honneurs du gouvernement militaire et du gouvernement civil ; mais, généralement, il est meilleur caporal que bon maître d'école. De sorte que je ne trouve rien d'admirable non plus dans l'intérieur de sa petite caserne.

Quant à l'assistance que les études peuvent recevoir de la liberté de la presse, on ne sache pas qu'elle les ait rendues jusqu'à présent très-supérieures à celles du temps de Bossuet, de Racine, de La Fontaine et de Boileau, qui était aussi, par parenthèse, le temps des jésuites et des grandes illustrations littéraires. On peut même dire qu'à force de tourner les esprits vers la politique révolutionnaire, il est à craindre qu'elle ne les réduise à la taille du *Constitutionnel;* ce qui ne serait point, disons-le franchement, le moyen d'accomplir les promesses de perfectibilité où elle s'est engagée envers notre siècle. Au surplus, je ne sais pourquoi j'imagine qu'elle ne tient pas très-sérieusement à ce que l'esprit humain s'élève bien haut. Vous ne l'entendez jamais, en effet, recommander que les lumières à l'usage de la petite propriété. Elle a raison : c'est avec l'ignorance mêlée de prétention et de faux savoir, qu'il y a de bons coups à faire. Ainsi, que tous les gens du peuple soient en état de lire les mots d'ordre et les conseils séditieux d'un journal anarchique, elle ne leur en demande pas davantage; elle veut seulement que la science révolutionnaire soit mise à la portée de tout le monde, et que les moindres facultés puissent atteindre jusqu'à la lecture du *Constitutionnel :* c'est la poule au pot du siècle des lumières, comme la poule au pot de Henri IV était un reste de l'âge d'or.

Vous voyez donc bien, mes révérends Pères, qu'on n'a nullement besoin de se perdre dans les dissertions pour décider la question de la liberté de la presse; il suffit d'examiner ses œuvres et de la juger par ses résultats flagrans. Assurément, j'aurais grand plaisir à voir concilier le salut des principes avec le salut de la religion et de la monarchie. Mais si l'on me donnait à choisir entre les deux sacrifices, j'avoue que les principes auraient de gros risques à courir. Car je me sens moins de pitié pour eux que pour les profondes douleurs de tous les gens de bien du royaume. Après tout, si la méthode d'apprécier les choses par leurs effets a l'inconvénient de paraître grossière et matérielle, on ne saurait du moins lui contester l'avantage d'épargner bien du travail et des calculs, puisque les faits sont beaucoup plus faciles à éclaircir que les questions.

Pour le dire en passant, mes révérends Pères, c'est ainsi que je suis arrivé tout naturellement à prendre votre cause en affection, malgré une somme de controverse dont je défie qu'on puisse sortir autrement que par ma méthode. Au milieu du fatras énorme d'assertions que les brochures in-32 et les journaux révolutionnaires nous ont envoyé à la tête pendant plus de six ans, je ne savais plus comment me reconnaître ni à qui donner raison. Je me suis mis à examiner les faits, à rapprocher des époques, en un mot, à réduire tout au positif; et il ne m'en a rien coûté de plus pour sortir d'embarras.

Les révérends Pères, me suis-je dit, ont vécu sous les plus belles phases de la monarchie française. Ils ont eu l'honneur de participer et de contribuer, pour une bonne part, à l'éclat que la France a jeté en Europe pendant leurs deux siècles. L'enseignement de la morale religieuse s'est associé, de leur temps, au goût des études profanes; et, d'un côté comme de l'autre, les travaux ont été couronnés des plus glorieux succès. Alors tous les principes conservateurs de l'ordre social étaient en vigueur; tous les genres d'illustration nationale s'établissaient; d'éclatantes renommées jetaient leurs fondemens immortels; la religion régnait sur les mœurs; les mœurs veillaient au maintien de la chose publique. Alors aussi, tout offrait l'image de la stabilité dans le royaume. Les deux légitimités de l'autel et du trône n'étaient l'objet d'aucune contestation. L'idée de la souveraineté du peuple n'était point sortie du sein de l'orgueil; elle dormait avec lui dans l'abîme infernal. Des commotions populaires sans cesse renaissantes, des insurrections d'écoliers, des soulèvemens tumultueux ne constituaient point les gouvernemens dans une sorte d'état d'insomnie; et le repos public avait un lendemain. On n'a jamais ouï dire, enfin, qu'aucun journal ait eu la prétention de lutter de puissance contre le sceptre de Louis XIV, et de devenir plus maître que lui dans son royaume.

De tous ces rapprochemens et de tous ces faits, mes révérends Pères, j'ai donc naturellement conclu que l'ancien ordre des jésuites n'a pas été aussi funeste à la France qu'on cherchait à me le persuader. Mais j'avouerai pourtant que si, au lieu d'être prémuni par des connaissances historiques, j'eusse partagé la grosse ignorance du peuple niais qui jure par la parole des journaux anarchiques, je me serais peut-être laissé aller comme lui à tant de volumes de sottises et de diffamation.

Après cela , je me suis mis aussi à rechér-
cher pourquoi notre temps est si contraire
au rétablissement de votre Société; et voici
ce que l'histoire contemporaine m'a procuré
de renseignemens : la philosophie révolutionnaire n'est pas moins anti-religieuse qu'anti-
monarchique. Elle déteste du même cœur les
droits de la puissance spirituelle et ceux de
la puissance temporelle. Quoique cette dernière soit mieux armée que l'autre, il est aisé
de voir cependant qu'on ne lui laisse tout
juste que la part de concessions qu'on ne
peut lui arracher de vive force. Sur les points
où l'on n'ose ouvertement l'aborder de front,
on la tourne, on la prend de biais; on l'at-
taque dans son alliance avec l'autel; en un
mot, on recommence la tactique du dix-
huitième siècle ; avec cette seule différence
que c'est par l'émancipation politique qu'on
veut arriver aujourd'hui à l'émancipation religieuse, au lieu que c'était alors par la destruction de l'Église catholique qu'on voulait
arriver à la destruction du trône.

Cependant, pour ne point trop inspirer de
méfiance, on ne demande provisoirement à la
religion que le sacrifice de son influence et
de son autorité. On ne parle point encore de

la réformer tout à fait; on l'admet à la retraite purement et simplement. Ici, c'est un magistrat (1) qui se fait écrivain politique tout exprès pour la réduire à garder les malades et à prier au coin du feu. En la remerciant des services qu'elle a pu rendre dans les temps d'ignorance, il lui signifie que son règne est fini; qu'on n'a plus besoin de ses conseils pour savoir très-bien se gouverner soi-même; et qu'elle ait désormais, dit-il, à perdre sa soif immodérée d'ambition. Là, c'est un député loyal qui vient appuyer de son éloquence et de ses opinions monarchiques, cette même déclaration de principes (2). Il a également la franchise de généraliser la question des jésuites, pour n'attribuer l'agitation des esprits qu'à la redoutable influence du sacerdoce, qu'à la peur qu'on a de la *domination ecclésiastique*. Au moins voilà deux hommes qui savent parler un langage intelligible, et vous débarrasser enfin, mes révérends Pères, de la querelle d'Allemand qui vous mettait sur

---

(1) M. le conseiller Cottu, dans son avant-dernière harangue révolutionnaire.

(2) M. Gauthier.

les épaules tout le poids de la philosophie anti-religieuse.

Ainsi, d'après tous les faits que j'ai réunis dans mes *Trois procès;* d'après tous les discours qui commencent à répandre la clarté; d'après les aveux qui échappent de mille côtés à la naïveté publique, *point de jésuites,* est une façon de parler qui signifie évidemment de nos jours : point de l'ancien sacerdoce; point de l'ancienne Église; point de l'ancienne autorité religieuse; point des anciens principes, et surtout point des anciens liens d'unité avec Rome. *Nova sint omnia.* En sorte, mes révérends Pères, que vous êtes réellement hors de cause, et que si vous apportiez du calvinisme en France, ou bien seulement du jansénisme tout pur, il y a grande apparence que vous y seriez les bien venus. Voyez... je vous promets, à cette condition, de faire magnifiquement illuminer Paris et la banlieue, à commencer par Mont-Rouge, comme de raison. En attendant, ce qui m'importe, à moi, c'est d'avoir établi jusqu'à l'évidence que tous les faits du temps passé se réunissent pour glorifier l'ordre des jésuites, et tous les faits du temps présent pour le justifier.

Le parti révolutionnaire, moins riche que

vous en argumens de cette nature, en est toujours réduit à défendre sa liberté de la presse avec la merveilleuse lance d'Achille, qui guérit, dit-il, les blessures qu'elle fait. *Le secret, sans doute, en est beau,* comme dit La Fontaine; et quel dommage qu'il soit d'une origine si difficile à vérifier ! Mais en tout cas, c'est un singulier expédient que celui qui force les gens de recourir à une fable pour avoir raison. Quant à moi, je ne suis nullement convaincu par l'exemple de la lance d'Achille. J'en connais un autre auquel j'aurais plus de confiance, et que je crois mieux constaté; c'est celui du scorpion, qui passe généralement pour guérir ses propres morsures, pourvu qu'on sache se hâter d'employer le remède : car il faut immédiatement prendre l'animal et l'écraser sur la blessure. Messieurs les écrivains révolutionnaires veulent-ils du marché ?

CONSEIL XV.

La niaiserie est signalée aux jésuites comme une maladie mentale fort commune de nos jours, et on les prie de contribuer à la guérir.

Duceris ut nervis alienis mobile lignum.
(HORAT.)

Machines organisées qui ne se meuvent
qu'avec des nerfs d'emprunt.

LA maladie qui va faire l'objet de cet entretien, mes révérends Pères, est une des plus graves et des plus affligeantes que je connaisse. Si je me trompe sur son caractère ou sur ses dangers, je confesse d'avance que ce sera faute de jugement et de sagacité; car il y a plus de trente-cinq ans que je l'observe de toute la force de mon attention.

Un écrivain que je me plais toujours à citer, à cause de la finesse de ses aperçus et de la longue portée de son esprit, M. le vicomte de Bonald, a trouvé, je crois, la meilleure définition qui puisse être donnée de la famille des *niais*. « C'est, dit-il, une nation nouvelle

« que la révolution a fait éclore, toujours,frap-
« pée des abus des bonnes choses et des avan-
« tages des mauvaises. »

A coup sûr, je n'ai point de remarque aussi
judicieuse à faire, et je devrais reculer de
modestie devant celle-ci, comme un homme
qui n'a plus rien à dire; mais heureusement
ce n'est qu'une définition toute nue qui laisse
encore des portraits à faire et des signalemens
à donner.

Les niais de notre époque, mes révérends
Pères, descendent en droite ligne de ces autres pauvres gens qui furent connus, pendant
la révolution, sous le nom de *modérés*. Seulement, c'est une famille qui a singulière-
ment cru et multiplié. Elle forme aujourd'hui
les quatre cinquièmes de la population du
royaume. Aussi, les journaux révolutionnaires ne manquent-ils pas de l'appeler, par
courtoisie, *la France, l'opinion publique, la
volonté nationale.*

Monsieur de Petit-Jean! ah! gros comme le bras!

Le fait est cependant que cette prétendue
opinion publique, cette prétendue volonté
nationale ne possède, en propre, ni aucune

idée ni aucun genre de caractère. C'est un miroir destiné à réfléchir les passions des autres ; ou bien encore, pour achever de la peindre, elle est comme l'étoffe noire, qui absorbe toutes les couleurs sans être elle-même d'aucune.

Une chose fâcheuse, mes révérends Pères, c'est que la nombreuse tribu des niais ne se compose guère que d'honnêtes gens ; et qu'une fois enlevés au profit des factions anarchiques, ils emportent naturellement avec eux, en tombant de la balance du bien, un poids considérable dans la balance du mal. On n'examine pas si c'est par niaiserie qu'ils passent du mauvais côté ; on s'en tient au fait de leur désertion et à l'autorité de leur exemple. C'est dans ce sens que la corruption du bien est tout ce qu'il y a de pire : *Optimi corruptio pessima.* Aussi, quelles joies dans le parti révolutionnaire, qui ne compte presque point de niais de son propre fonds, quelles joies quand il voit les nôtres arriver à son bord! Il faut convenir qu'il a raison de les préférer de beaucoup aux naturels de sa cause, et de se servir d'eux à la manière des oiseleurs, pour en attirer d'autres dans ses réseaux. Leur présence dans ses rangs légitime et régularise, pour ainsi dire, ce qu'il a fait de nuisible, et autorise d'avance ce qui lui reste à faire. Car il semble qu'une fatalité ennemie de l'ordre naturel ait voulu que la plupart des niais fussent honnêtes gens tout exprès pour gâter le bien et donner au mal une sorte de moralité. Mieux vaudrait-il cent fois, pour l'honneur des causes dont ils gardent le nom, qu'ils fussent aussi franchement pervertis que les alliés auxquels ils vont offrir leur bonne réputation en sacrifice.

Un des caractères les plus singuliers de la niaiserie, c'est que les individus qui en sont atteints ne croient point du tout déroger aux bons sentimens en s'associant aux mauvais. Ils ont l'air d'imaginer que ce sont les autres qui s'amendent et viennent à eux. De manière que se trouvant transportés sur le territoire ennemi, ils poussent la bonhomie jusqu'à s'y reconnaître, jusqu'à se croire dans le pays natal de leurs opinions et de leurs principes. Et voulez-vous savoir d'où cela provient ? c'est qu'ils vivent ordinairement de quelques petites idées fixes dont ils retrouvent la trace partout, et que l'ennemi leur laisse sans difficulté pour les amuser.

Mais il est temps de sortir de ces définitions générales, et de vous montrer, mes révérends Pères, les espèces de malades qu'il faut travailler à guérir. Vous vivez trop retirés, trop éloignés du monde pour les connaître aussi bien que moi. Comme vous êtes, par cette raison, exposés à des erreurs graves, et qu'il peut vous arriver souvent de confondre d'honnêtes gens niais avec d'honnêtes gens sensés, je veux vous apprendre à les distinguer.

Si je rencontre un homme qui débite des extravagances anti-religieuses et anti-monarchiques, après l'avoir entendu professer les meilleures doctrines deux ou trois ans auparavant, je ne lui demande point à quel journal il est abonné; je le sais mieux que lui : c'est au *Journal des Débats*. J'entreprends en vain de retrouver une seule goutte du bon sens que je lui ai connu. Toutes les armes de la raison se brisent contre une idée fixe qui est venue se loger dans son esprit, sans y être appelée par lui en aucune manière. A telle époque, lui dis-je, vous pensiez bien cependant. Les jésuites vous paraissaient indispensables pour redresser les mauvaises voies où la révolution nous a poussés. Il est vrai, me répond-il; mais je n'avais pas fait réflexion

qu'ils ont un général étranger. — Eh! qu'importe, mon ami. Vous n'ignorez pas qu'ils
avaient ce général quand ils contribuaient
tant au triomphe de la religion, au maintien
des mœurs, aux progrès des sciences et des
lettres, aux conquêtes du christianisme et
de la civilisation dans les quatre parties du
monde. — J'en conviens toujours; et c'est par
cette raison que je suis si fâché de savoir qu'ils
ont un général étranger. — De quoi vous in-
quiétez-vous donc là, je vous prie, s'il ne les
empêche pas de nous rendre leur bonne école
d'enseignement, leurs bons professeurs, les
bons principes que nous avons perdus, les
bons prédicateurs qui combattaient l'irréligion avec tant de succès? — Tout cela vous
plaît à dire; mais ce maudit général étranger
me tourmente la pensée. — Toujours votre
général étranger! Mon pauvre ami, savez-
vous bien que je vous trouve l'esprit un peu
souffrant? — Pardonnez-moi; tout le monde
vous dira que cela nous expose, nous et les
libertés de l'Eglise gallicane, aux plus graves
inconvéniens. Lisez mon journal, et vous
verrez qu'il pense là-dessus exactement comme
moi. — Je crois que vous vous trompez, mon
cher, et que c'est vous qui pensez exactement

comme lui: Prenez-y garde; il pourrait bien
être le nerf des marionnettes d'Horace; et
vous, ma foi.... enfin, prenez-y garde.

Duceris ut nervis alienis mobile lignum.

Au bout d'une heure de controverse, d'observations raisonnables et de remontrances
solides, je me vois forcé de rendre mon
homme au *Journal des Débats*, dans l'état
où je l'ai rencontré, convenant que tout marche en contre-sens de l'ordre moral, politique
et religieux, mais terrassé par son idée fixe,
qui ne lui laisse d'inquiétudes qu'au sujet des
libertés de l'Eglise gallicane et du général des
jésuites.

Si ce caractère de niais ne vous paraît pas
assez commun, en voici un autre que vous
aurez occasion de remarquer partout.

Vous parlez de la liberté de la presse dans
une réunion de personnes auxquelles vous
n'avez jamais connu que de bons sentimens;
vous rassemblez dans un tableau effrayant de
vérité, tous les ravages de la licence; les
profondes plaies de la religion et de la monarchie; le repos public sans cesse compromis; la paix domestique altérée par la diffa-

mation dans le sein des familles ; les réputations ruinées par des libelles ; les mœurs
atteintes jusqu'au fond des chaumières par
les ouvrages impies qu'on y introduit ; la multitude poussée à l'anarchie ; la jeunesse bouil-
lonnante d'indépendance et d'insubordination ;
la corruption des pensées , l'esprit de malveillance et de trouble ; le mépris de l'autorité
divine et humaine porté par les journaux
révolutionnaires dans le cœur du villageois
comme dans celui du citadin ; l'incrédulité
professée à haute voix ; les pratiques de la
piété livrées à la dérision ; les mœurs des pères tournées en ridicule aux yeux des enfans ;
l'exercice de la religion à peine protégé par
des lois contre le sacrilége , qui n'empêchent
pas d'allumer des poudres fulminantes jusque
sous les chaires évangéliques.... Au premier
abord, on imaginera sans doute que les honnêtes gens qui sont là, qui savent d'ailleurs
qu'aucun trait de ce tableau n'est grossi ni
même achevé, se livreront à des réflexions
sérieuses, et reculeront d'épouvante : point
du tout ; ils connaissent un remède infaillible
à un si grand mal, une digue puissante qui
les rassure contre les ravages de ce torrent.
Cette digue invincible, ce remède souverain ,

c'est *la lance d'Achille*. Là-dessus, leur niaiserie est unanime. C'est sur la lance d'Achille qu'ils se reposent tous, et ils ont en elle une confiance que rien ne peut altérer. La liberté de la presse aura redressé les échafauds, renouvelé les massacres des prisons, les catastrophes sanglantes, les proscriptions de la noblesse et du clergé, la subversion de l'autel et du trône, sans que la magique lance y perde rien de la haute opinion qu'on a de sa vertu. On n'en continuera pas moins d'assurer qu'elle remédie à tout, qu'elle guérit tout, et qu'avec elle on répond de tout. O niaiserie plus merveilleuse encore! s'il pouvait n'y avoir que toi de compromise, combien le Ciel devrait trouver juste de te faire expier les malheurs publics!

Je ne veux point surcharger votre attention, mes révérends Pères, du grand nombre de traits de cette espèce qu'il me serait facile de réunir; mais permettez, néanmoins, que je m'arrête un peu sur ces sortes de caractères pour vous aider à les découvrir et à leur porter les secours dont ils ont besoin.

Prenez d'abord pour règle générale de ne plus vous fier désormais à la dénomination d'*homme religieux* ou *monarchique* : c'est un

titre qui a perdu le sens naturel qu'on y atta-
chait. Commencez, donc par examiner si les
gens à qui vous avez affaire sont ou ne sont
pas de la tribu des niais. Voici quelques signes certains auxquels vous reconnaîtrez ceux
qui lui appartiennent. S'ils sont niais sous le
rapport des idées religieuses, vous ne les
trouverez inquiets que sur un point : c'est *qu'on
n'aille trop loin*. Avec ce mot *trop loin*, on
leur a tellement bouleversé l'esprit, et rempli
l'imagination de terreurs, qu'ils ne savent plus
de quel côté se diriger de peur de tomber
dans le pays ultramontain. Pour éviter ce
malheur, ils restent dans le pays révolutionnaire avec les ennemis de l'autel. S'ils sont
niais sous le rapport politique, ils ne vou-
dront être sauvés qu'à une seule condition :
c'est que les principes seront sauvés avant eux.
Sans quoi, ils vous diront qu'il vaut mieux
périr soi-même corps et bien. Ceux qui leur
apprennent à sifler ne seraient certainement
pas de cet avis pour leur propre compte ; mais
eux ils y mettent de la bonne foi, parce qu'ils
sont niais, tandis que les autres n'y mettent
que des leçons et des conseils, parce qu'ils sont
beaucoup moins sots. En un mot, ils vous
parleront de petites sollicitudes pour les liber-

tés publiques, de petits scrupules constitutionnels, de petits soucis empruntés aux ennemis du trône.

Ces indices ne vous tromperont jamais. Jugez hardiment là-dessus, et agissez en conséquence. Ce sont des niais que le Ciel vous envoie pour les guérir si vous pouvez. Autrefois, les gens de la tribu d'Ephraïm se reconnaissaient entre eux à la manière dont ils prononçaient le mot de *scibboleth*. Parmi nous, il est également facile de distinguer les royalistes qui sont de la tribu des niais d'avec ceux qui n'en sont point. Car il y a maintenant dans notre langue trois ou quatre mots équivalens au scibboleth des Hébrenx.

Lorsque leurs sentimens politiques et religieux vous auront été révélés par ce premier signe, mes révérends Pères, il ne vous restera plus qu'un soin à prendre pour deviner le parti que vous pourrez avoir à tirer d'eux : ce sera de savoir si ce sont des niais de la façon du *Journal des Débats* ou du *Constitutionnel*. Dans ce dernier cas, leur maladie n'est point incurable, parce qu'ils sont réellement honnêtes gens d'intention, et qu'avec lui leur conscience n'est pas du tout rassurée sur ce qu'il leur veut ; une sorte d'instinct et de goût du bien qui leur reste, les avertit que la parole de leur professeur n'est point assez infaillible pour leur donner pleine sécurité. Mais si malheureusement ils sont niais de la façon du *Journal des Débats*, il n'y a point de ressource, parce qu'ils ont passé avec lui du blanc au noir sans rien examiner; et que, par habitude, ils vivent de l'ancienne confiance qu'il leur avait inspirée. Soit manque de jugement ou paresse d'esprit, ils trouvent moins fatiguant de l'accompagner dans une mauvaise route que de chercher eux-mêmes un autre chemin. Aussi, peut-on dire que le sort de leurs principes est absolument entre ses mains, et que, dans cette triste école, il n'y a guère que le maître qui ne soit pas innocent. Car, observez bien l'allure de tous ses niais; elle est purement routinière et machinale. Ils se suivent à la file comme les moutons de Panurge; et ils se croiraient perdus partout ailleurs que dans la bergerie du *Journal des Débats*.

Ce qui me fait craindre que vous n'ayez beaucoup de peine avec eux, mes révérends Pères, c'est qu'ils descendent, comme je vous l'ai déjà dit, de cette race opiniâtre qui se laissait mourir de niaiserie pendant la révolution.

Rappelez-vous en effet, ces anciens *modérés* qui croyaient si fermement avoir choisi la bonne place entre les factions de leur époque. Stupidement séduits par les principes qui font l'admiration de nos niais d'aujourd'hui, ils se voyaient saisir, traîner en prison et livrer aux tribunaux révolutionnaires, qu'ils n'en croyaient pas encore leurs yeux. « On nous « prend pour d'autres, disaient-ils, car nous « sommes l'innocence même. Faut-il être ainsi « trahi par ses proches ! Mais c'est égal ; nous « n'en démordrons pas ; les bons principes sont « bons. » Et ils allaient à la mort avec un certain contentement d'eux-mêmes qui les portait à déplorer l'aveuglement de leurs bourreaux plutôt que leur propre niaiserie.

Après eux, Buonaparte vint usuper le trône. Il lui fallait certainement de grandes excuses pour couvrir un attentat de cette espèce. Les droits de la royauté légitime étaient vivans dans tous les esprits et dans la plupart des cœurs. Les repentirs, la pitié, le retour aux idées de justice parlaient hautement contre lui en faveur de l'antique famille. Une niaiserie jetée habilement à la tête des gens de bien suffit pour le tirer de cet embarras. Il se contenta de leur faire dire qu'il n'était venu *détrôner que l'a-*

narchie. Ce mot fut ramassé avidement par l'excellente espèce d'hommes dont nous parlons. Ils en ont vécu pendant quatorze ans, sans y ajouter aucune réflexion, sans qu'il leur vînt seulement à la pensée qu'une chose volée de la seconde main n'est pas mieux acquise que de la première. Mais tel est, pour répéter les expressions de M. de Bonald, tel est le caractère des niais que la révolution à fait éclore.

Quand on sait de quoi ils sont capables, ou pour mieux dire de quoi ils ne le sont pas, on ne peut que gémir profondément de ce que leurs tristes voix comptent comme les bonnes, et leurs têtes malades comme les têtes saines. Car malheureusement cela fait nombre et s'évalue aux poids ; de manière qu'on pourrait dire d'un journal révolutionnaire qu'il pèse trente ou quarante mille niais.

Je suis presque honteux, mes révérends Pères, de ce qu'un sujet aussi affligeant me rappelle ce vieux juge de la comédie qu'on réveille pour opiner, et qui se contente de dire en bâillant, *pendez* ou *fauchez,* selon la matière du procès. Les niais dont il s'agit ici ne savent point opiner non plus ; ils fauchent, c'est-à-dire qu'ils servent de machines à briser tout ce qu'on veut sur nos têtes, à pousser la religion et la monarchie dans les précipices, et à relever la barque révolutionnaire par le poids qu'ils portent du côté où ils se mettent. Quand *le Constitutionnel* et le *Journal des Débats* ont besoin d'eux, ils les réveillent comme le vieux juge dont je viens de parler ; et nous, pauvres patiens, nous sommes là pour recevoir le coup de la sentence.

CONSEIL XVI.

On avertit les jésuites de prendre garde à un certain
  système de moyens termes qui trompe généralement
  les petits esprits, et quelquefois les grands.

Je crois vous avoir fait remarquer déjà,
mes révérends Pères, que jamais la révolution
n'a rien fait à demi. Du temps où elle était
maîtresse, quand elle renversait quelque chose,
c'était toujours de fond en comble. Lorsqu'elle
détrôna la religion et la royauté, elle eut grand
soin de n'en rien laisser. Constamment elle
s'est montrée l'ennemie des tempéramens et
des termes moyens. Telle est en cela sa force
de caractère, qu'elle ne sait aucun gré à la religion et à la royauté de ne lui avoir pas rendu
la pareille. C'est un système qu'elle ne peut
comprendre; et pour dire la vérité, je ne le
comprends guère non plus.

Le feu roi était un prince d'un esprit très-
supérieur sans doute; mais par une de ces
pensées de bonté qui sont toujours prêtes à
s'échapper du cœur des Bourbons, il gâta

l'ouvrage de sa restauration en parlant des concessions qu'il se croyait obligé de faire aux progrès de la civilisation et du temps. Il ne faut qu'un mot comme celui-là pour troubler à jamais les têtes orgueilleuses, et en faire jaillir d'intarissables prétentions. Louis XVIII était bien le maître de régler ses actes de la manière qui lui paraissait convenable; mais il n'aurait point dû expliquer ses raisons. Du moment où il eut reconnu des droits à la révolution, en lui accordant hautement une espèce de légitime, il était évident que cette part deviendrait matière à procès. En effet, c'est une règle bien vague que celle des progrès de la civilisation; et quand on reconnaît leur devoir quelque chose, il est assez difficile de savoir à quoi l'on s'engage. Le temps marche, le siècle marche, la raison marche, comme disent les révolutionnaires. Faut-il donc se mettre à les suivre, une échelle de proportion à la main, pour déterminer, jour par jour, les concessions échues et les concessions à échoir? Quelle matière féconde, d'ailleurs, en disputes et en contestations! qui réglera des parts de conquêtes aussi indéfinies que celles des lumières et du temps? qui décidera les questions de droit entre la révo-

lution, qui veut tout envahir, et la monarchie,
qui a eu le malheur de lui créer des titres ? enfin, qui départagera les prétentions ?

Là-dessus, mes révérends Pères, les ennemis de la royauté seront toujours moins em-
barrassés que les autres, parce qu'ils ne connaissent point le système des moyens termes,
et qu'ils veulent tout ou rien. Aussi, vous
avez pu le remarquer : depuis que d'une grâce
il leur a été permis de se faire un droit, ils ont
tellement travaillé à le grossir, tellement fait
valoir le bienfait contre le bienfaiteur, que leur
part de légitime nous menace de tout emporter.

Louis XIV se plaignait un jour de ce que
l'état de ses finances ne lui permettait pas de
faire terminer les travaux du Louvre. Un plai-
sant de sa cour lui dit qu'il savait un bon
moyen de le voir promptement achever : c'é-
tait d'en faire présent à un général de capucins. J'ai la même opinion du parti révolutionnaire. Si l'on veut qu'une entreprise aille
vite et arrive à bonne fin, c'est lui qu'il faut
en charger; il en viendra certainement à bout :
il ne sait point ce que c'est que de rester en
chemin, et de laisser une œuvre imparfaite.
Qu'on lui donne aussi un Louvre à finir, et on
verra s'il fut jamais un général de capucins

digne de lui être comparé pour la vîtesse et le savoir-faire. Une petite semence de libéralisme qu'il a trouvée dans la Charte, lui a paru suffisante pour faire pousser des révolutions; et à force de cultiver ce germe, il a su l'amener, en peu d'années, jusqu'à ce haut degré de croissance où nous le voyons aujourd'hui.

Il faut pourtant être juste: les révolutionnaires ne conçoivent pas non plus que les autres puissent faire les choses à demi. Dût-il leur en coûter quelques sacrifices, ils veulent de la conséquence et de l'esprit de suite dans les affaires. Ainsi, par exemple, mes révérends Pères, ce sont eux qui pressent le plus pour vous faire déclarer jésuites tout à fait ou point du tout. Ils ont raison, et je vous conseille de leur donner cette satisfaction. On dit vulgairement qu'une porte doit être ouverte ou fermée. C'est aussi mon avis. Je sais qu'en cela on peut encore adopter un terme moyen, qui est de la laisser *entr'ouverte*. Mais c'est le plus mauvais parti, selon moi, par la raison qu'on déplaît en même temps, et à ceux qui la veulent tout à fait ouverte, et à ceux qui la veulent tout à fait fermée. Choisissez donc, mes révérends Pères; mais, de grâce, aboutissez, et ne donnez pas vous-mêmes dans les termes moyens, comme je vois que vos propres amis cherchent quelquefois à vous y faire donner. Oui, j'ai là-dessus des notions exactes; j'en connais plus d'un qui ne sait à quels faux-fuyans ni à quelles petites précautions recourir pour vous cacher sous son manteau, et qui s'en va répétant continuellement aux oreilles timides:

> Patience et longueur de temps
> Font plus que force ni que rage.

Ne les écoutez point : ce sont des gens à *portes entr'ouvertes*, qui n'entendent rien aux affaires, ou que la peur conseille tout de travers. Voici une des mille preuves que j'en pourrais donner : je connais d'excellens ouvrages récemment sortis de la plume des jésuites, et qui n'ont certainement aucune raison pour se déguiser. Eh bien, croira-t-on que, dans une Société aussi digne des regards du public, les auteurs se trouvent réduits à cacher leur sainte devise : *Pour la plus grande gloire de Dieu?* Cependant, les précautions vont jusque-là. Le zèle d'une amitié timide est venu leur apprendre à se sauver de l'inquisition révolutionnaire sous les trois let-

tres *D. O. M.*, qui signifient, je pense : *Au
Dieu souverainement bon et grand.* Ils ont
eu la faiblesse de se laisser persuader que ce
moyen terme adoucirait, aux yeux de l'into-
lérance philosophique, la dureté du *Majorem
Dei gloriam.* Mais qu'ils se détrompent : leurs
ennemis ne sont pas moins effarouchés par les
hommages rendus à la *bonté* de Dieu, que
par les hommages rendus à sa *gloire.* Le scandale est absolument le même pour eux. Or,
puisqu'il n'y a rien à gagner, je n'hésiterais
pas à trancher le mot, si j'étais jésuite, et à
me déclarer *pour la plus grande gloire de
Dieu,* sans aucun adoucissement. D'ailleurs,
je viens de vous le dire, mes révérends Pères,
vous ne rendez point justice au parti révolutionnaire : il est si conséquent, qu'il aime encore moins un demi jésuite qu'un jésuite entier. Bien loin donc de le contrarier en vous
déclarant ouvertement pour ce que vous êtes,
vous entrerez parfaitement dans son idée de
tout ou rien.

On ne finirait pas si l'on entreprenait de
passer en revue tous les inconvéniens des
moyens termes. Un des moindres reproches
qu'on ait à leur faire, c'est d'être complètement inutiles. Quoiqu'ils soient de la nature

des ménagemens et des bons procédés, ils ne servent qu'à soulever contre soi un monde d'ennemis qu'on ameute en pure perte, et qui vous détestent aussi cordialement que si l'on n'avait rien ménagé avec eux. Haine pour haine, il me semble qu'il vaut mieux en retirer quelque chose d'utile au bien public, que d'en éprouver les effets au même degré, sans avantage ni compensation.

Je m'abstiens d'entrer ici dans les détails, mes révérends Pères, parce que vous êtes sûrement de bons entendeurs. Mais puisque je vous ai parlé des concessions de Louis XVIII comme d'un terme moyen avec lequel le parti révolutionnaire s'est promis de démolir la monarchie, il faut bien que je vous parle aussi d'un autre terme moyen avec lequel il a entrepris de démolir l'Eglise romaine. Vous devinez d'avance qu'il est question de nos quatre libertés gallicanes. Je ne connais rien, en effet, qui ressemble davantage, pour les inconvéniens, à l'explication des motifs de la Charte. Dans l'un comme dans l'autre cas, on a eu tort de proclamer comme des obligations, de simples condescendances; de convertir en déclarations de principes, des choses qu'il était si facile de mettre en pratique sans leur constituer un droit. Par-là on a éveillé des esprits orgueilleux qui ne s'endormiront plus, parce qu'on a eu l'imprudence de leur dire pourquoi on cédait avec eux sur certains points d'émancipation politique et religieuse. Ce pourquoi ne pouvait manquer de devenir gros comme une montagne, sous des mains révolutionnaires toujours occupées à démembrer les deux empires du Ciel et de la terre. Aussi, voyez ce que les ennemis de l'autel ont découvert dans les quatre propositions du clergé de France : ils y ont trouvé tout un système de schisme et de rébellion, toute une artillerie montée pour le service de l'impiété. C'est avec cela qu'ils sont arrivés à se déclarer encore plus indépendans que Luther et Calvin, et à présenter solennellement des pétitions contre la religion catholique.

Il faut avouer aussi, mes révérends Pères, que le mot de *libertés gallicanes* est bien mal choisi pour exprimer une chose que le temps a faite tout seul, et qu'il a rendue commune à tous les pays de la catholicité. Je vous demande un peu si l'Autriche, si l'Espagne, si les Pays-Bas, si les royaumes de Naples et du Portugal ne jouissent pas de ces fières libertés gallicanes qui ont la prétention de vivre à

part, comme à une grande table qu'il n'ap
partient qu'à elles d'occuper . Je vous demande si les autres ont recours à cette artillerie de priviléges, à tout ce fracas de mots superbes et présomptueux, pour être auprès du
Saint-Siége sur le même pied que la France ?
Ont-ils donc besoin de faire autant de bruit
que nous pour y trouver ce que nous récla-
mons avec tant d'orgueil ? Quels sont les souverains pontifes qui, dans la pratique, n'ap-
pliquent pas le bénéfice de nos prétendues
immunités à tous les États séculiers de leur
juridiction ? Croit-on qu'ils ne sachent pas,
aussi bien que les autres, faire la part du
temps et de la raison publique, sans qu'il soit
besoin de leur envoyer des huissiers et des
sommations ? Au fond, ce qui nous rend si
fiers, pour ne pas dire si insolens envers l'E-
glise romaine, est-il autre chose qu'un reste
de puérilité du siècle de Louis XIV et de la
vanité du grand roi ? Qui parle d'attaquer ou
d'amoindrir la puissance temporelle de nos
princes, si ce n'est le parti révolutionnaire,
qui travaille à la démolir de fond en comble ?
Plût à Dieu qu'il n'eût pas contre elle des vues
plus hostiles et plus dangereuses que tous les
papes nés et à naître !

Je n'ignore pas ce qu'on exerce d'empire sur les esprits malades de nôtre siècle, en leur présentant l'épouvantail de la puissance temporelle de Rome ; car ce mot *temporel* est devenu bien magique depuis qu'il marche sans son ancien compagnon. Mais enfin, réduisons le donc une fois à sa valeur, ou plutôt ne craignons pas de le montrer dans le *maximum* de sa force.

Un souverain pontife, dans ses sollicitudes pour le troupeau catholique, voit dépouiller le clergé d'un royaume de ses moyens d'existence, et il s'en inquiète. Mais jusqu'où peut aller, en dernière analyse, l'effet de ses alarmes ? Il dira, je suppose, qu'il n'est pas sans inconvénient pour la religion que le corps sacerdotal soit réduit à tendre la main devant la porte des conseils municipaux ; il dira qu'il est affligeant de voir mettre à l'aumône ceux dont on avait coutume de la recevoir ; il représentera encore que cet état de choses est évidemment nuisible à la considération du sacerdoce, et en éloigne plus ou moins les vocations que peut intimider la perspective de la misère ; il observera enfin que, chez le commun du peuple, la religion n'entre souvent que par les yeux du corps, et qu'il faut

éviter de la lui montrer dégradée dans la personne de ses ministres. Mais, de bonne foi,
est-ce là ce qu'on peut appeler un *soin temporel?* est-ce là vouloir exercer une domination étrangère à l'autorité spirituelle du chef
de l'Eglise? Pourquoi est-il institué, si ce
n'est pour veiller à ce que les ouvriers de
sa vigne ne meurent pas de faim dans le travail et l'abjection? Et après tout, encore une
fois, à quoi se réduira l'intervention de cette
formidable puissance qui effarouche tant nos
ligueurs révolutionnaires? En dernier résultat, ne garderont-ils pas leurs biens nationaux sans trouble ni empêchement, tandis
que les hommes de peine des paroisses garde-
ront leurs troupeaux dans la résignation et la
pauvreté?

Voilà donc jusqu'où peut s'étendre le redoutable pouvoir de Rome! voilà ce qui met en si
grande rumeur, tantôt les Chambres et les
pétitionnaires, tantôt les boutiques et les fau-
bourgs de la capitale, tantôt les écoles de
droit et de médecine, et enfin plusieurs mil-
lions d'esprits malades qui n'y entendent pas
le premier mot! Puisque vous ne laissez rien
de temporel aux papes, laissez-les du moins
gémir sur la misère de leur courageuse milice,

et remplir ainsi leur premier devoir de chefs de l'Eglise.

Ceci m'a un peu éloigné, mes révérends Pères, de mon traité sur les termes moyens; mais j'y reviens en gros, pour vous prier de remarquer en toute occasion, qu'il n'existe pas dans le royaume un seul genre de malaise, pas un inconvénient de position, pas un danger public qui ne remonte à quelque terme moyen, à quelque mauvaise composition qu'on a eu le malheur de faire avec les ennemis de la monarchie et de la religion. J'y saurais un bon remède, si ma voix pouvait monter assez haut; ou bien, si vous voulez que je parle plus modestement, j'ignore ce qui résulterait de mon aversion pour les moyens termes. Mais une chose que je puis garantir, c'est que je m'arrangerais pour ne point faire d'ingrats par d'inutiles ménagemens qui ne tournent jamais qu'en haines dans les cœurs révolutionnaires.

CONSEIL XVII.

On indique aux jésuites quelques moyens de se débarrasser de l'argument qui est le plus en crédit contre eux.

Le règne des *idées nouvelles*, mes révérends Pères, est ce qu'on oppose le plus communément à votre mission ; car du moins on est de bonne foi là-dessus : c'est comme représentans de l'ancienne sagesse qu'on vous repousse ; et la raison qu'on en donne, c'est que la sagesse nouvelle est meilleure sans comparaison. Je le désire pour elle et pour nous ; mais en attendant que le fait se vérifie, et que le temps à venir décide la question, le temps passé la décide provisoirement en votre faveur. A la vérité, nous ne comptons encore que trente-huit années dans le règne des idées nouvelles ; mais comme la religion et la monarchie ne sont point en état d'en supporter trente-huit autres pareilles, on n'aura sûrement pas besoin d'aller jusque-là pour savoir à quoi s'en tenir.

Les écrivains révolutionnaires nous parlent toujours comme si la création du monde ne datait que de 1789, et qu'il n'y eût aucune expérience derrière cette époque; rien n'obscurcit à leurs yeux le riant avenir qu'ils nous promettent; rien ne les désenchante sur le compte des idées nouvelles. Si vous leur dites le mal qu'elles ont fait, ils vous disent le bien qu'elles feront; si vous leur parlez du passé, ils vous parlent de l'avenir; en un mot, ils sont dans l'admiration de ce qui arrivera, et tout à fait consolés de ce qui est arrivé.

Dans tout cela cependant, mes révérends Pères, je ne vois point encore de quoi établir le règne des idées nouvelles sans dispute et sans contestation. C'est bien peu de chose, en effet, pour justifier leurs hautes prétentions et leur tyrannie; c'est bien peu de chose pour nous prouver qu'il ne doit plus y avoir, dans le monde, ni place, ni crédit, ni passages libres que pour elles. Je ne connais qu'un trait d'exigence aussi ridicule; et à cause de l'analogie, je vous demande la permission de le citer.

Un homme de robe, hautain comme il n'y en a plus, passait auprès d'un campagnard qui, dans ce moment, usait du droit de rire:

« Pourquoi riez-vous quand je passe? lui de-
« manda-t-il brusquement. — Et pourquoi
« passez-vous quand je ris? » lui répliqua le
paysan. Les querelles que la sagesse moderne
cherche à l'ancienne, sont à peu près aussi
bien fondées; et quand la première demande
à l'autre pourquoi elle est si vieille, celle-ci
ne pourrait-elle pas lui demander à son tour
pourquoi elle est si jeune? Pour moi, je trouve
que les idées nouvelles sont fort insolentes de
s'en venir décider que c'est à elles seules qu'il
appartient de dominer, et que ce sont les autres qui sont obligées de se retirer. Qu'elles
commencent donc du moins par faire leurs
preuves, et surtout par produire en leur faveur d'autres témoignages que ceux de la révolution. Car de deux choses l'une : ou elles
sont purement et simplement révolutionnaires, telles que nous les connaissons, et dans
ce cas nous ne voulons point convenir de leur
supériorité; ou bien elles sont bonnes à quelque autre chose que nous ne connaissons
point, et dans ce cas il faut qu'elles nous apprennent ce que c'est. Jusque-là elles pour-
ront avoir beaucoup de mérite sans doute;
mais on sera pourtant dispensé de se proster-
ner devant elles pour les adorer, et chacun

restera maître de dire comme Montaigne :
*Mon cathédrant, c'est l'autorité divine, qui
nous règle sans contredit, et qui a son rang
au-dessus de ces humaines et vaines contestations.*

Le cathédrant de Montaigne pourrait bien
avoir raison, mes révérends Pères ; et je le
crois d'autant plus volontiers, que nous sommes, Dieu merci, en fonds pour le prouver,
sans sortir de la révolution française. Comme
cependant les œuvres des idées nouvelles sont
très-connues dans notre pays, tant par la
ruine des mœurs et de la religion, que par les
flots de larmes et de sang qu'elles y ont fait
couler, il vaut mieux nous transporter ailleurs pour observer leurs bons effets.

Vous savez qu'après de longues prospérités, l'ancienne Rome eut aussi ses idées nouvelles. A la vérité, elles ne pouvaient lui enlever que des faux dieux et un culte d'idolâtrie ; mais enfin c'étaient les seuls liens qui
rattachassent alors au Ciel les pensées et les
besoins de la terre ; et quand c'est là tout ce
qu'on possède, il ne saurait être indifférent de
le perdre. Aussi, les idées nouvelles n'eurent
pas plutôt entrepris de ravir ce peu de biens
au grand peuple, qu'il tomba tout à coup, du

haut de sa puissance, dans un état de honte et d'abaissement qui le rendit méconnaissable. Je ne sais quelle justice humaine se chargea de châtier une philosophie désastreuse qui n'était pourtant venue détrôner que l'ombre de la divinité. Cette ombre ayant disparu, tous les freins se rompirent et dans l'ordre moral et dans l'ordre politique. Alors on ne sut plus comment s'y prendre pour les remplacer. Il fallut recourir au joug de fer des Néron, des Tibère, des Caligula ; et malgré toute la vigueur de cette sanglante tyrannie, Rome ne retrouva jamais l'équivalent des images de Jupiter, ni rien qui approchât de l'influence de ses dieux de marbre. Qu'on juge de notre sort, à nous, par la différence des biens dont les idées nouvelles nous demandent le sacrifice.

En supposant, mes révérends Pères, que cet exemple ne soit pas assez effrayant, en voici un autre qui appartient de plus près à notre époque.

Dans le courant de l'année 1812, les libraires de Vienne et de Francfort ont expédié, pour les îles de la Grèce et les Echelles du Levant, une quantité prodigieuse d'idées nouvelles tirées de nos auteurs français, sous le titre d'*Abrégé substantiel* des œuvres de Voltaire, de J. J. Rousseau, etc. Elles étaient traduites en grec moderne, et réduites à quatre volumes, qui furent répandus au nombre de soixante mille exemplaires. Quelques années après, les malheureux Grecs ont demandé le baptême de la régénération, et vous savez quel baptême ils ont reçu !

Tous les entrepreneurs de révolutions sont d'accord sur ce point, que c'est par les mauvais livres qu'il faut commencer. Il est singulier pourtant que le berceau de l'imprimerie, que le pays de Guttenberg se trouve en retard sur les autres. Mais il ne perdra rien pour attendre. Quoique l'esprit germanique soit paresseux et tardif, je sais de science certaine que les idées nouvelles cherchent à s'y enfoncer comme ailleurs, et qu'on ne néglige rien pour y établir leur règne (1). Mais lorsque des

____

(1) Il y a, dans ce pays-là comme dans le nôtre, des sociétés anonymes qui se chargent de diriger l'esprit public à leurs frais et dépens. Voici un des moyens qu'elles emploient pour propager les lumières irréligieuses et révolutionnaires. Quand les paysans de l'Allemagne vont aux marchés dans les grandes villes telles que Vienne, ils déposent leurs mulets et charriots en dehors des barrières, dans des endroits nommés *han-*

évènemens accomplis, lorsque des malheurs consommés sous nos yeux ne guérissent ni ne dégoûtent pas même la génération qui les a supportés, il n'y a pas grand espoir que des malheurs non réalisés encore puissent lui faire une grande impression.

A cause des lecteurs qui n'entendent pas la question aussi bien que vous, mes révérends Pères, je vais l'éclaircir en peu de mots, par un exemple connu de tout le monde :

Dans le langage religieux, on emploie ordinairement les mots de *bonnes œuvres* et de *charité*, pour exprimer les actes qui s'y rattachent. Dans le langage révolutionnaire, ils sont remplacés par les mots de *bienfaisance* et d'*humanité*. On évite avec un scrupule extrême de parler jamais d'une personne charitable; on lui donne le nom de *philanthrope*. Quand un journal se trouve condamné à par-

gards publics! Quand ils les reprennent pour retourner chez eux, ils trouvent dans leurs voitures des paquets de gravures et de mauvais livres, que des mains officieuses y ont déposés *gratis* pour l'instruction du peuple dont les idées nouvelles veulent s'emparer. Jusqu'à nos jours, on n'avait connu que l'enfer qui eût assez de zèle et de désintéressement pour entreprendre ainsi la corruption du genre humain.

ler d'un bon chrétien, il le désigne sous le nom de *bon citoyen*. Enfin, c'est uniquement de la philanthropie qu'on veut tenir maintenant ce qu'on tenait autrefois de la religion. Ce n'est point là, du reste, ce que j'entends par les idées nouvelles, qui font ouvertement la guerre à l'Eglise et à la monarchie; mais je choisis cet exemple pour faire remarquer qu'à l'égard même des idées anciennes qu'on est forcé de conserver, on a soin d'y faire entrer des modifications telles, que les tracés de la religion en soient à peu près effacées.

Il suffit, je pense, mes révérends Pères, d'avoir appelé votre attention sur le dangereux caractère et la tendance des idées nouvelles, pour vous faire sentir la nécessité de les combattre par tous les moyens qui sont en votre pouvoir. Un chapitre de raisonnement, que j'ai préparé pour la troisième édition de mes *TROIS PROCÈS DANS UN*, expliquera sur quoi je me fonde pour faire partager au public la confiance que vous m'inspirez; mais, en attendant, je suis bien aise de lui en dire ici un mot : elle repose principalement sur le choix des vertus et des talens qui a dû être fait dans la Société des jésuites, pour les besoins d'une *Province* aussi malade que celle de France. Votre général ne serait pas un homme aussi supérieur qu'on le dit en lumières et en sagesse, s'il nous eût envoyé des médecins médiocres.

CONSEIL XVIII ET DERNIER.

Circonstances particulières qui doivent inspirer de la confiance aux jésuites, soutenir leur patience, et les engager à redoubler d'efforts pour remplir leur courageuse mission.

> On ne voit point deux fois le rivage des morts.
> (RACINE.)

MES révérends Pères, il en est des maladies de l'esprit comme de celles du corps : plus on en voit, plus on apprend à les guérir. Ce qui se passe de nos jours n'est point nouveau ; ce n'est qu'une répétition des grands accidens de l'histoire. Par conséquent, le monde s'enrichit de plus en plus d'expérience et de leçons qui lui servent à déterminer les chances de son avenir et à régler les calculs qui l'intéressent.

Il n'est pas jusqu'aux voies de la Providence où l'on ne finisse par découvrir quelques clartés, à force d'étudier et d'observer l'espèce d'uniformité qui règne dans ses décrets envers les nations, soit qu'elle veuille les abaisser ou les élever, les punir ou leur faire grâce. C'est ainsi qu'on est parvenu à reconnaître qu'elle ne manque jamais d'aveugler ceux qu'elle veut perdre, ni de châtier l'orgueil et la révolte par d'éclatantes sévérités. En cela, sa marche n'a point cessé d'être régulière depuis le commencement du monde jusqu'aux jours de la rédemption. Toute l'histoire du *peuple de Dieu* est là pour en faire foi. Toujours c'est par des plaies et des fléaux qu'elle le ramène aux devoirs de la soumission et à la sagesse. A chaque page de l'Écriture, on retrouve des arrêts plus ou moins terribles contre les esprits rebelles, des jugemens motivés sur les résistances de l'orgueil et sur la continuelle tendance des impies à secouer le joug de l'autorité divine.

Pour arriver plus vite aux évènemens qui intéressent directement notre époque, ne prenons les choses qu'au siècle de Luther, où l'on a vu commencer, avec sa révolte, les grandes plaies dont l'irréligion philosophique a été frappée. Luther fut un des premiers chefs de révolution qui s'emparèrent de la liberté de la presse pour mettre l'Europe en soulèvement et en combustion. Il ose nous apprendre lui-même avec une joie infernale,

que sa plume a fait plus de mal à l'Église
catholique que des armées des plus grands
princes n'eussent été capables de lui en cau-
ser. Dans son histoire du *siècle de Louis XIV*,
Voltaire vient confirmer cette assertion en disant : « Les réformateurs ayant déchiré tous
« les liens par lesquels l'Église romaine rete-
« nait les hommes ; ayant traité d'idolâtrie ce
« *qu'elle avait de plus sacré*, ayant ouvert
« les portes de ses cloîtres, et remis ses tré-
« sors entre les mains des séculiers, il fallait
« qu'un des deux partis pérît par l'autre. Il
« n'y a point de pays, en effet, où la religion
« de Luther et de Calvin n'ait fait couler le
« sang. » Tels sont les aveux de l'homme le
moins suspect en fait de témoignages de cette
nature.

Comme cependant le siècle de Luther ne
pouvait être aussi orgueilleux que le nôtre,
ni aussi fier de ses lumières, ni aussi exalté
par les superbes conquêtes de la science philosophique, il n'a point éprouvé une plus
catastrophe pareille à celle qui nous était ré-
servée. Le Ciel a proportionné ses rigueurs à
l'étendue et à la gravité du mal. L'ignorance
des peuples d'abors, la grossièreté des esprits,
la circonstance attenante d'une première

chute, toutes ces considérations durent modérer la colère divine. Une perversité plus éclairée, et partant plus coupable, une préméditation plus longue, des fautes plus réfléchies, la rébellion aggravée par une rechute, voilà ce qui demandait moins de grâce pour les crimes de notre temps. Aussi, le châtiment a-t-il été beaucoup plus sévère; et il n'a fallu rien moins que l'éclatante catastrophe de la révolution française, renforcée par des guerres sanglantes, pour désarmer la vengeance du Ciel.

Toutefois, il reste encore bien des inquiétudes sur les suites de cette grande plaie; et malheureusement, il est toujours permis de disputer sur sa durée. Mais pourtant l'espérance de la voir prochainement cesser est fondée sur quelques signes heureux qui semblent annoncer que le règne du désordre approche de sa fin.

Ainsi que je l'ai d'abord observé, mes révérends Pères, nous ne vivons point sans devenir, de jour en jour, plus riches de leçons et d'expérience. Or, commençons par examiner ce que peuvent nous vouloir maintenant les ennemis de la religion. Je suis forcé d'accorder qu'ils travaillent à la destruction de l'Église romaine avec autant d'ardeur que Luther et Calvin. Mais voyons s'ils ont les mêmes séductions à offrir, et les mêmes facilités à semer l'erreur.

Quelles furent les circonstances qui favorisèrent ce qu'on appelle la *réforme du seizième siècle?* Tous les historiens nous l'ont dit; et quand ils auraient pu le cacher, la révolution française nous l'aurait appris : il s'agissait d'envahir tous les biens du clergé pour les prodiguer et en former des espèces de primes d'encouragement pour l'heureuse philosophie de cette époque. Mais comme si cette nature de biens devait toujours porter malheur aux gouvernemens qui les donnent à piller, il arriva dans ce temps - là quelque chose de fort singulier qu'on aurait peine à croire si notre grand-livre de la dette publique n'était là pour attester le même phénomène. D'après le témoignage de Luther lui-même, les spoliateurs ne firent que s'appauvrir à ce métier; et il les représente en propres termes, comme des gens réduits à la besace en très peu de temps. Car il va jusqu'à les appeler *mendicos* (1). Au premier abord, on imaginerait

____

(1) *Comprobat experientia eos qui ecclesiastica*

que c'est une plaisanterie; mais un conseiller de l'électeur de Saxe, *Jean Hund,* explique la chose très-sérieusement, et avec un accent de mauvaise humeur qui laisse entrevoir, si je ne me trompe, qu'après avoir eu sa part du butin, il avait eu de même sa part de la malédiction. Il assure donc que ces funestes biens semblent n'avoir passé dans les familles de l'ordre équestre que pour dévorer les fortunes patrimoniales qu'ils y ont trouvées, et pour disparaître ensuite avec elles (1).

Si je recueille ces remarques en passant, je prie messieurs les acquéreurs de biens nationaux de croire que ce n'est point pour les dégoûter des marchés qu'ils ont faits. Je me plais même à convenir qu'ils s'entendent mieux que les Allemands à garder les biens d'église. Mais je tiens à ce que la remarque subsiste quant aux gouvernemens qui en permettent la confiscation. Je ne dirai pas comme Luther qu'ils s'appauvrissent jusqu'a la be-

---

bona ad se traxerunt, ob ea tandem depauperari et mendicos fieri.

(1) *Opes nostras equestres illæ comederunt, et consumpserunt hæ cænobiales, ut neque cænobiales neque equestres amplius habeamus.*

sace ; mais je dirai qu'ils ne, s'enrichissent point à ce métier; et je défie le grand-livre de me donner un démenti là-dessus.

Du reste, mes révérends Pères, ce qu'il y a de plus concluant dans la question qui nous occupe, c'est que l'Église n'offre plus rien à prendre. Cela fait tomber le meilleur argument que les réformateurs du seizième siècle et du nôtre aient jamais employé contre elle. Maintenant que cette cause de tentation a disparu, il me semble que la religion doit avoir moins de peine à obtenir d'eux un peu de grâce et de tolérance.

Sous ce premier rapport donc, les choses se trouvent dans une situation moins défavorable qu'en 1789. Les raisons qui étaient bonnes contre un clergé riche sont devenues mauvaises contre un clergé pauvre. Sur ce point, la logique révolutionnaire a naturellement perdu beaucoup de sa force. Ajoutez que les honnêtes gens ont appris à raisonner, et que les yeux même du commun des ignorans se sont remarquablement ouverts. De sorte que le métier de charlatan est menacé de tomber pour peu que l'on continue à se dégoûter du métier de dupe.

Une circonstance également propre à refroidir le zèle des ennemis de la religion, c'est de voir la quantité de bons esprits qui se détachent de Luther et de Calvin pour venir chercher dans le giron de l'Église romaine, des règles fixes, une sanction et une autorité qui manquent partout ailleurs. Ainsi, mes révérends Pères, tandis que les mauvais citoyens, les aventuriers de la politique, les têtes perdues du fanatisme révolutionnaire s'agitent pour nous entraîner dans l'émancipation religieuse, les gens de bien s'en retirent peu à peu pour ne point laisser leurs croyances à la merci du premier venu, qui se présente pour interpréter les Écritures, et commenter la Bible. A coup sûr, tout cela n'arrive point sans une cause d'ordre qui cherche à reprendre le dessus dans le gouvernement des affaires divines et humaines.

Il est un dernier motif de sécurité plus puissant encore que tous les autres, mes révérends Pères : c'est que le Ciel paraît s'expliquer par un certain nombre d'évènemens auxquels on pourrait faire l'application de ces vers d'une tragédie religieuse :

Et quel temps fut jamais si fertile en miracles ?
Quand Dieu par plus d'effets montra-t-il son pouvoir ?

Auras-tu donc toujours des yeux pour ne point voir,
Peuple ingrat? quoi! toujours les plus grandes merveilles
Sans ébranler ton cœur frapperont tes oreilles!

Il est bien vrai que la Providence se joue des mauvaises pensées et des mauvais desseins; mais elle ne se joue point de l'innocence et du malheur. Or, si les regards qu'elle laisse descendre sur nous depuis quelque temps, n'étaient pas des regards de clémence, quel serait son but en nous montrant tout ce qu'elle a fait de merveilleux en faveur de la religion et de la monarchie? pourquoi nous aurait-elle fait revenir de si loin, s'il pouvait entrer dans ses desseins de nous replonger au fond des abîmes?

Rappelez-vous l'état de veuvage où la révolution avait mis l'Église de France : les autels brisés; les objets du culte divin abandonnés aux profanations sacriléges; tout le sacerdoce livré à la persécution ou dispersé dans l'exil; le blasphême et l'impiété en possession des chaires évangéliques; Dieu et les saints détronés partout où la main de l'homme pouvait les atteindre; les effigies de la *raison* orgueilleusement posées sur les débris des autels; la haine et le délire occupés à effacer,

de la mémoire du peuple, jusqu'au nom de
ses patrons et de la sépulture des ses pères.
Comparez ce tableau de la mort au peu de
vie qui a ranimé la religion, et vous admire-
rez les miracles qui ont opéré un tel changement.

Serait-il possible, je le répète, que le Ciel
n'eût voulu produire à nos yeux que des
éclairs d'espérance et des illusions passagères,
en faisant revivre d'une manière si merveilleuse ce qu'il destinerait à périr dans de nouveaux naufrages! Pourquoi aurait-il amolli
tant de cœurs de bronze, et changé des pensées révolutionnaires en exemples de conver-
sions pareilles à celle de M. de La Harpe,
s'il ne s'agissait de rien de plus dans l'ordre
de ses desseins? Non, non; il ne se joue
ainsi de la confiance et de la justice, ni dans
la personne des simples fidèles, ni dans celles
des ministres de ses autels et des courageux
défenseurs de sa cause, dont vous êtes, mes
révérends Pères, les chefs et les modèles.

Ce que je dis des merveilles qui s'opèrent
en faveur de la religion, je le dis de celles qui
s'opèrent non moins visiblement pour le salut
de la monarchie. Qu'on lise seulement la *Rela-
tion d'un voyage à Bruxelles et à Coblentz,*

qu'une main auguste nous a laissée, et l'on
y découvrira toutes les sollicitudes que la Providence mettait dès lors à sauver le dépôt de
la royauté. Si nous savions avec les mêmes détails ce qu'elle a dû faire pour en conserver
les autres débris, avec quel soin il a fallu
qu'elle veillât sur eux pour détourner les embû-
ches, les conjurations et les périls qui les cherchaient partout, sûrement nous découvririons
encore de ce côté, les traces miraculeuses que
nous cherchons dans ses décrets. Au surplus,
mes révérends Pères, assez d'autres miracles
sont constatés pour montrer qu'à aucune époque, le Ciel n'a perdu de vue la conservation
de la dynastie qui règne sur la France. Le salut de l'orpheline de Temple fut un miracle
qui étonna le monde par la singularité des
causes qu'on vit se réunir pour le rendre surnaturel. La restauration fut un miracle deux
fois grand, parce que celui de la chute de
Buonaparte en fit partie, et qu'il dut être,
pour ainsi dire, commandé aux élémens du
nord de l'Europe. Un autre miracle a produit
ce rejeton des lys, dont la naissance, encore
plus merveilleuse que celle de Louis XIV,
est peut-être le signe le plus marqué des vues
lointaines de la Providence et de la durée pro-

mise à l'antique race des rois très-chrétiens.

D'après toutes ces considérations, mes révérends Pères, ce serait une sorte d'aveuglement et d'impiété que de douter du succès de votre mission. Je suis convaincu que votre courage soutiendra glorieusement ce reste de révolution qui jette ses dernières flammes sur l'autel et le trône. S'il était possible que l'incendie vînt à s'y rallumer, il n'aurait point les suites que vous en pouvez craindre. Tous les gens de bien, un peu dispersés dans ce moment par la légèreté de leur esprit, se retrouveraient pour vous aider à l'éteindre. L'anarchie leur a trop envoyé de grêles et d'orages pour qu'ils ne songent point enfin à s'écrier comme Horace : « N'a-t-elle pas jeté assez « d'épouvante et de terreur parmi les nations ? « le monde ne s'est-il pas revu assez près du « siècle de Pyrrha ? »

> *Jam satis!... terruit urbem;*
> *Terruit gentes grave ne rediret*
> *Sœculum Pyrrhœ.*

FIN.

TABLE.

FIN DE LA TABLE.